O PODER DA ORAÇÃO

Coleção
O PODER DO PODER

O PODER DO ORAÇÃO

O poder da oração não está no orante; está no mundo espiritual, com o qual o orante se põe em contato, mediante a oração. "É necessário orar sempre."

10

VOCÊ TEM O PODER DE MUDAR A SUA VIDA

LIVRO MARTIN CLARET CLIPPING

Créditos

Idealização e Coordenação
Martin Claret

Capa
Ilustração
Marcellin Talbot

Miolo
Revisão
Márcia Abreu

Projeto Gráfico
José Duarte T. de Castro

Editoração Eletrônica
Editora Martin Claret

Papel
Off-Set, 70g/m²

Impressão e Acabamento
PSI7

Editora Martin Claret Ltda. – Rua Alegrete, 62 – Bairro Sumaré
CEP: 01254-010 – São Paulo – SP
Tel.: (11) 3672-8144 – Fax: (11) 3673-7146

www.martinclaret.com.br / editorial@martinclaret.com.br

1ª REIMPRESSÃO – 2011

Agradecimentos do editor

Ousadamente, acredito que a coleção O Poder do Poder *é um momento novo na indústria do livro. Um novo conceito de "construir e escrever" livros está nascendo — o livro-*clipping.

Esse sonho empresarial foi e é um desafio no jogo da vida. Aliás, esse jogo — descobri — não é um jogo ganha-perde *ou* perde-ganha, *é um jogo ganha-ganha. Todos ganham, culturalmente. Do autor ao leitor.*

Quando começo a pensar nos difíceis estágios por que passou este projeto, não posso deixar de lembrar a importante colaboração que recebi de várias pessoas, sem as quais não seria possível a sua realização material.

Com orgulho literário, agradeço a todas essas pessoas, físicas e jurídicas — pesquisadores, programadores, jornalistas, escritores, advogados, empresários, diretores de editoras, de gráficas, de jornais e TVs —, o apoio direto ou indireto que ofereceram à realização deste trabalho. Sem a solidariedade, profissional e humana, desses amáveis colegas de trabalho, este projeto editorial jamais teria sido possível.

A todos, minha infinita gratidão.

O livro vivo

MARTIN CLARET

O poder da informação

O homem é um animal neurolinguístico. Ele cria sua realidade a partir do pensamento e da palavra. Sua potencialidade é quase infinita. O conhecimento de si mesmo é a sua meta suprema.

Essa escalada do homem é uma imensa epopeia cósmica, e nesse contexto cada criatura é um herói. Mas o início dessa escalada cultural foi terrivelmente difícil.

Vivemos, hoje, na "idade da informática" e da tecnologia da informação. Não mais fazemos parte de uma cultura coletora, agrícola ou industrial, mas de uma cultura da informação. Vivemos numa época de profundas mudanças. Novas ideias e novos movimentos mudam o mundo quase que diariamente. Essas mudanças vêm a nós por meio de livros, jornais, cinema, teatro, filmes, internet, *chips* de computador, etc. Nesta nova sociedade, quem tiver mais informações, tem maior poder. John Galbraith, o iluminado autor de *A Era da Incerteza*, proclamou: "Dinheiro é o combustível da sociedade industrial. Mas na sociedade da informática o combustível, o poder, é o conhecimento. Vê-se agora a estrutura de uma nova classe dividida entre aqueles que têm informação e os que devem atuar na ignorância. Essa nova classe não tem poder no dinheiro, ou na terra, mas no conhecimento".

Hoje, essa chave do poder do conhecimento é acessível à maioria dos seres humanos.

Definição de poder

Poder.

Nada exerce mais atração sobre os seres humanos do que essa palavra mágica. Nenhuma paixão é mais duradoura, nenhuma companhia é mais constante. O poder é uma das mais legítimas emoções humanas. Sua motivação são os resultados. Agir para ser mais.

Poder é uma palavra incrivelmente emocional. Diante dela são infinitas nossas reações. Cada um tem um conceito pessoal da palavra poder. Para muitas pessoas ela tem uma conotação negativa. Outras, explícita ou secretamente, cobiçam o poder. Os mais ortodoxos suspeitam do poder. Cada um tem uma definição própria para o vocábulo poder.

Como uma cultura, nós temos sido ambivalentes a respeito do poder. Não obstante, poder — que deriva do latim *potere*, "ser capaz" — é energia. Sem poder não há ação ou movimento. Poder é um assunto central da transformação do ser humano.

Eu proclamo o Poder Correto — o poder usado não como instrumento negativo ou para glorificar o ego, mas a serviço da Vida. O poder como um ato de sabedoria e não como um instrumento para manipular pessoas. Poder compartilhado, e não o poder imposto.

Poder é a capacidade e habilidade de mudar nossa vida. É a habilidade de definir as necessidades humanas e resolvê-las. Poder é energia.

O amor ao poder

Michael Korda, o editor-chefe da poderosa editora Simon & Suster — ele mesmo participante do fascinante jogo do poder —, no seu *best seller Poder, Como Conquistá-lo, Como Utilizá-lo*, nos dá didaticamente as principais normas para criar poder.

Para completa informação de meus leitores, passo a transcrevê-las.

Primeira: "Pratique cada ação como se fosse a única coisa que realmente importa no mundo". Segunda: "Nunca revele aos outros tudo a seu respeito; guarde alguma coisa de reserva, para que eles nunca tenham certeza de que realmente o conhecem". Terceira: "Aprenda a usar o tempo e pense nele como um amigo, não como um inimigo. Não o desperdice indo em busca de coisas que não deseja". Quarta: "Aprenda a aceitar os teus erros. Não seja perfeccionista a respeito de tudo". Quinta e última norma: "Não crie ondas; movia-se suavemente, sem complicar as coisas."

Como homem, para quem o único limite do poder é o limite de acreditar, Michael Korda, nos dá, ainda, este ensinamento essencial: "Quanto mais mecânico e complicado for o nosso mundo, mais precisamos da simplicidade do poder para nos guiar e proteger. É o único dom que nos permite continuar sendo humanos num mundo desumano — porque o amor ao poder é o amor por nós mesmos."

A gênese da coleção O Poder do Poder

Sou editor de livros. O universo da minha vida sempre gravitou em torno de ler livros e "fazer livros". Sempre amei o livro em todas as suas formas e sempre acreditei na função do livro. Para mim, o livro tem o poder de mudar as pessoas e de mudar o mundo. Há vinte anos proclamo o princípio cultural de "Ler mais para ser mais".

Na juventude e mesmo como adulto sempre copiei ou recortei textos de "especial importância" para o desenvolvimento do potencial humano. Formei pastas e pastas desse material informativo — para meu uso e eventualmente para o uso dos amigos. Essa ideia foi inspirada no genial DeWitt Wallace, o fundador da *Reader's Digest* (a nossa *Seleções*) — o projeto editorial de maior sucesso em todo o mundo. DeWitt também, antes de fundar sua revista, "praticava" esse singular *hobby* de colecionar recortes de artigos de interesse permanente — aliás, essa foi a ideia que deu origem à sua famosa revista multinacional. Mais tarde, usei parte desse meu material e o *know-how* adquirido em minha atividade profissional. Esta é a gênese da coleção *O Poder do Poder* e de outros trabalhos editoriais realizados por mim.

O Livro-*clipping*

O útil *Dicionário de Comunicação*, de Carlos Alberto Rabaça/ Gustavo Barbosa, publicado pela Editora Codecri, define a palavra inglesa *clipping*, assim: "1. Serviço de apuração, coleção e fornecimento de recortes de jornais e revistas sobre um determinado assunto, sobre as atividades de uma empresa ou instituição, sobre determinada pessoa, etc. É realização geralmente da organização, pela agência de RP ou de Publicidade que atende à empresa, ou por uma agência especializada neste tipo de serviço (conhecida como agência *clipper*). 2. Recorte de jornal. 3. O conjunto de recortes, recebido pelo interessado".

Sem o saber, inconscientemente, ao colecionar e "organizar" os meus recortes, sempre vinha exercendo o ofício de organizar *clipping*, embora fosse para uma só pessoa — para mim mesmo.

Impulsionado por várias circunstâncias, depois de alguns anos, já como editor, resolvi usar os meus conhecimentos para elaborar esta coleção, usando o mesmo princípio do *clipping*. Dei uma estrutura mais refinada ao material de texto, organizei os assuntos, criei uma capa — e eis o *livro-clipping*. O grande e principal objetivo é difundir conhecimentos especializados e transformar as pessoas. Sempre fui centrado nessa magnífica obsessão.

Estrutura textual da coleção

Estatísticas nos Estados Unidos revelam a incrível constatação: quase 50% das pessoas que compram livros não os leem até o final. No Brasil não é diferente. Motivos: além de hábitos culturais improdutivos, descuidos de editoração contribuem para essa lamentável situação.

A coleção *O Poder do Poder* é um esforço para corrigir, qualitativamente, algumas dessas falhas. Minha meta principal é apresentar um novo conceito de fazer livros — o livro-*clipping*. O livro essencializado, de interesse permanente, com texto na medida certa e de agradável diagrama. Livro de fácil leitura.

A coleção é aberta — são aceitas sugestões de títulos e de assuntos. O próprio leitor torna-se um colaborador.

Embora esta coleção tenha estrutura de continuidade, cada livro possui sua autonomia própria. É um livro com começo, meio e fim. Os textos são capítulos essenciais extraídos de publicações nacionais e estrangeiras com afinidade de assunto, formando sinergeticamente um material redacional de grande coerência. A integridade do texto original é totalmente conservada.

Aos leitores que tenham interesse em aprofundar o assunto tratado em cada capítulo, recomendamos a leitura do livro fonte. Desejamos, mesmo, que os textos de cada capítulo motivem o leitor a uma consulta mais extensa ao livro-matriz. Aliás, esta é a essência do *livro-clipping*: provocar interesse e informar.

Mensagem cultural

A Galáxia de Johann Gutenberg (1400-1468) continua em expansão. A "idade da informática" ilumina mentes e corações. O homem continua sua fantástica escalada cultural. Nesse imenso universo vivo, o livro é a maior fonte de conhecimento e *poder*.

Livro muda as pessoas.

Livro muda o mundo.

"Ler mais para ser mais."

CIÊNCIA, MILAGRE E ORAÇÃO SÃO COMPATÍVEIS?
Autor: Huberto Rohden
Formato: bolso: 12 x 16 cm
44 páginas
União Cultural Editora
São Paulo
(Ver p. 113)

Ciência, Milagre e Oração são Compatíveis?

HUBERTO ROHDEN

O milagre é contra as leis da natureza?

O senhor acredita em milagres?

— Por que não?

— Mas o milagre é uma exceção das leis da natureza, e a ciência provou que isso é impossível; as leis naturais são constantes e imutáveis.

— Perfeitamente, as leis naturais são constantes e imutáveis, concordo em tudo; mas nego redondamente que o milagre seja uma exceção dessas leis; afirmo que o milagre é a mais brilhante confirmação das leis da natureza.

— Não compreendo essa sua filosofia...

— Não compreende, como? O reverendo é "mestre em Israel", e ignora essas coisas? Cada domingo, do alto do púlpito, o senhor fala a seu rebanho sobre a vida de Jesus, e acha que o milagre é incompatível com as leis da natureza? Ou o milagre não é de Deus — ou a natureza não é de Deus! Não é admissível que haja contradição nas obras de Deus...

— O que eu digo a meu rebanho são as grandes verdades éticas contidas no Evangelho de Jesus Cristo; mas... quanto aos milagres dele... confesso que me são antipáticos e evito falar neles...

— Fantástico! Pelo que vejo, o reverendo é ótimo discípulo de David Strauss, do dr. Paulus, de Ernest Renan, ou de algum outro erudito analfabeto do espírito que desejaria ver os Evangelhos "expurgados" dessa pedra de tropeço que são os milagres do Nazareno.

— Tem razão. Eu preferiria um Evangelho sem milagres, porque seria um Evangelho mais científico. Se conseguíssemos expurgar o Evangelho desses numerosos milagres de que está eivado, teríamos o mais grandioso documento de ética que já apareceu sobre a face da Terra.

— Maravilhoso! Mas não teríamos o cristianismo...

— Como não? Não está o cristianismo baseado sobre os Evangelhos?

— De forma alguma! O Evangelho não é a base do cristianismo! Quer dizer, o Evangelho como sistema doutrinário de ideias, sem os milagres de Cristo, como o reverendo o desejaria.

— Se não é o Evangelho, o que é então a base do cristianismo?

— O Cristo, e nada mais. O cristianismo não é outra coisa senão o próprio Cristo histórico, presente através dos séculos, ele mesmo, o eterno *Lógos*, que se fez carne e habita entre nós, e está conosco todos os dias até a consumação dos séculos — isso é o cristianismo a 100%! "Cristo, o mesmo, ontem, hoje e para todo o sempre". Mas esse Cristo real é absolutamente inconcebível sem o milagre porque o milagre o revela como soberano de todas as forças da natureza, como "o Filho do Homem", como "o Filho Unigênito do Pai". O cristianismo não é um sistema de doutrinas éticas, o cristianismo é um fato objetivo, uma grandiosa realidade histórica, permanente, é a mais estupenda invasão do mundo divino no mundo humano. Ideias e doutrinas não dão forças — toda a força vem da realidade. O cristianismo não é uma ideia ética ou poética; o cristianismo é a maior das realidades. Nunca ninguém viveu jubilosamente nem morreu heroicamente por uma ideia — mas por uma realidade, milhares e milhões têm vivido e morrido, em todos os tempos e países...

Se Sócrates, Platão, Buda ou outro gênio espiritual da humanidade tivessem escrito o Evangelho, tal qual o possuímos, com todas as suas doutrinas éticas, não teríamos o cristianismo. Mas se o

Cristo tivesse aparecido como apareceu, e não tivéssemos o Evangelho, ainda assim teríamos o cristianismo em toda a sua pureza, força e plenitude, porque o cristianismo é o Cristo permanentemente presente no mundo. Ora, o Cristo real não é concebível sem o milagre.

— Por que não?

— Porque pelo milagre provou ele que é superior a todas as leis da natureza e que delas se pode servir a bel-prazer, espontaneamente, sem a menor violência contra essas leis. O homem meramente sensitivo é escravo das leis da natureza. O homem intelectual é escravocrata da natureza, tratando-a como um tirano trata a seu escravo. Mas o homem espiritual, racional, cósmico, o homem integral, o Cristo ou o homem cristificado, não é nem escravo nem escravocrata da natureza — é amigo e aliado desta, e por isso coopera pacificamente com a natureza, como amigo e aliado — e isso é ser taumaturgo. O taumaturgo por força intrínseca prova que chegou ao fim da sua jornada, deixando de ser tanto escravo como escravocrata da natureza. O Cristo provou a sua plena maturidade humana e adultez espiritual pelo fato de cooperar pacífica e espontaneamente com todas as leis da natureza. Nunca falhou. O homem que domina a natureza apenas mentalmente possui um domínio parcial, precário, incerto, porque violento, compulsório, e é por isso que muitas vezes falha na sua mágica milagreira — mas o homem espiritual não pode falhar, porque o seu domínio é absoluto e espontâneo.

Toda a confusão que reina nesse setor vem do costume de identificarmos a natureza com aquele pequenino fragmento da natureza por nós conhecido. Quando então uma força da parte desconhecida da natureza invade subitamente a parte conhecida desta, temos a impressão de ter acontecido algo fora ou até contra as leis da natureza. Permita-me uma comparação ilustrativa:

Uma criança de escola primária lê sofrivelmente o seu primeiro livro de á-bê-cê e chama aquilo a "literatura da humanidade". Para essa criança, os dramas de Shakespeare, a *Divina Comédia* de Dante, o *Fausto* de Goethe, o *Paraíso Perdido* de Milton, *Os Lusíadas* de Camões, etc, não fazem parte da literatura mundial, porque não estão contidos no livro de á-bê-cê que a criança apelida de literatura da humanidade.

Outro símile: um menino de seis ou sete anos aprendeu a tabuada, que representa para ele "a matemática como tal". Qualquer dia, cai-lhe nas mãos uma obra de matemática avançada, digamos, a "Relatividade" ou a "Teoria do Campo Unificado", de Einstein, ou alguma obra de Copérnico, Kepler, Galileu ou Newton, que representam altos planos da ciência dos números — mas, para o nosso cachopinho de calças curtas, tudo aquilo está fora do reino da matemática.

É assim que procedem todos os que identificam a natureza com a fraçãozinha que dela conhecem e constroem a sua filosofia sobre esse pequeno fragmento.

Os milagres de Jesus e dos seus discípulos, de todos os tempos e países, ultrapassam grandemente as fronteiras do á-bê-cê e da tabuada da nossa ciência material, que certa gente convencionou chamar "a natureza", mas não ultrapassam as fronteiras da Natureza Absoluta, isto é, da Realidade Universal, porque essa Natureza ou Realidade é o próprio Deus, o Infinito, o Absoluto, o Todo, a Alma e Essência do Universo, para além de que nada existe, porque o todo abrange tudo que é real. Deus não está fora do mundo, não está sentado por detrás do universo, assim como um motorista está sentado atrás do motor que dirige. Deus está dentro da natureza, dentro de cada pirilampo e de cada relâmpago, dentro de cada pedra, planta, inseto, ave, peixe, animal, homem e anjo, assim como a vida está dentro de cada ser vivo. A transcendência de Deus não exclui a sua imanência, e a imanência não contradiz a transcendência. Os dualistas, como são quase todos os teólogos ocidentais, admitem a transcendência de Deus, mas negam, ou pelo menos ignoram, a sua imanência. Os panteístas orientais admitem a imanência de Deus em todas as coisas, mas negam ou ignoram muitas vezes a sua transcendência, identificando assim Deus com todas as coisas. O verdadeiro monoteísmo, porém — que é o cristianismo genuíno e integral —, sabe que Deus é ao mesmo tempo transcendente ao universo e imanente em cada fenômeno do mundo.

— Que, pois, acontece quando alguém realiza um milagre?

— Acontece o seguinte: o taumaturgo aplica uma lei natural que está para além das fronteiras do mundo material, digamos da física e da química de laboratório, mas não está fora da Natureza absoluta e total, porque fora dela nada está.

— Que é que existe para além das forças materiais da natureza?

— Existem as forças *mentais* e as forças *espirituais* (estas últimas chamamos, em boa filosofia, *racionais*, uma vez que Deus mesmo é a Razão, o eterno *Lógos*, pelo qual foram feitas todas as coisas). Mas tanto o material como o mental e o espiritual (ou racional) fazem parte da natureza.

Permita-me mais uma ilustração tirada do reino da nossa ciência material:

Alguém nunca viu água senão em estado sólido de gelo, água congelada. Que conceito formaria ele da água? Evidentemente, para esse homem, água é uma massa sólida. Algum dia, ele vê água em estado líquido, e nega que isso seja água natural. Para ele, essa água líquida está fora das leis da natureza da água porque a solidez é, para esse homem, atributo necessário da água.

Imagine-se o espanto desse homem se, algum dia, visse água em estado de vapor suspenso no ar! Será que ele aceitaria como água também essa substância vaporosa? Não seria isso contra as leis da natureza, contra a lei da gravitação, andar a água assim suspensa no vácuo?

E se alguém passasse uma corrente elétrica por um litro de água comum, e a água se transformasse paulatinamente em dois gases invisíveis, H (hidrogênio) e O (oxigênio), e se o cientista dissesse a esse homem ignorante que essa água em forma de H e de O é altamente inflamável, será que nosso ingênuo conhecedor de água sólida aceitaria a combinação de H e O como água real e autêntica? Não diria ele: a água apaga o fogo, e você quer fazer-me crer que a água alimenta o fogo? Que seja um composto de dois elementos combustíveis e até altamente inflamáveis? Não, não admito semelhante coisa como científica e natural!...

E se esse ingênuo conhecedor de água congelada soubesse que o próprio hidrogênio e oxigênio podem ser desintegrados por um cíclotron a ponto de resultar uma energia ainda mil vezes mais sutil e poderosa do que todos os estados anteriores dessa água?

Gelo, água, vapor, gás, energia nuclear — a mesma substância em cinco estados diversos, e tanto mais poderosos quanto menos materiais, dotados de propriedades e modos de agir diametralmente opostos — será que isso é ciência natural?

Talvez não seja ciência lá nos planos ínfimos do á-bê-cê, mas é ciência cá nos planos superiores da universidade do espírito.

Do mesmo modo, o milagre é anticientífico para os analfabetos ou semi-alfabetizados do grande Livro da Natureza, mas para os universitários da razão e do espírito é o milagre a mais brilhante confirmação das leis da natureza, porque revela essa natureza como infinitamente ampliada.

Que é que podemos fazer com um litro de água? Aplicado a uma rodinha giratória, dessas que as crianças fazem para brincar, pode um litro de água imprimir a essa rodinha duas ou três voltas ao redor do seu eixo, e nada mais; expirou a força motriz dum litro de água.

Com a mesma quantidade de água, evaporada e aplicada aos pistões de uma locomotiva, posso mover essa máquina a certa distância.

Se transformar esse litro de água em H e O, posso fazer explodir até um grande rochedo.

Ainda com o mesmo litro de água, desintegrada em prótons e elétrons pelo bombardeio atômico com nêutrons, posso obter energia suficiente para mover um avião quadrimotor ao redor do globo, e ainda sobrará água na volta.

Ora, assim como antigamente o homem só sabia utilizar as forças periféricas da água, e agora lança mão da energia central dela, sem ultrapassar nem contradizer as leis da natureza, da mesma forma se serve o taumaturgo, mental ou espiritual, de forças naturais desconhecidas e inatingidas pelo homem comum, conhecedor apenas de forças materiais.

O que Cristo fez, todo homem cristificado o pode fazer, como afirmou explicitamente o taumaturgo da Galileia: "As mesmas obras que eu faço, vós as fareis, e as fareis maiores". "Nada é impossível àquele que tem fé."

Trata-se simplesmente de libertar dentro de nós forças profundas e poderosas que, até hoje, no homem comum, não foram libertadas. E, para libertar essas forças irresistíveis, deve o homem, antes de tudo, crer na existência real destas e, depois, viver em perfeita harmonia com essa sua fé. A fé e a vivência, a fé vivida intensamente, despertarão e libertarão as forças profundas que dormem, reais, porém incógnitas, na alma de todo homem.

Pode a oração modificar as leis da natureza?

Muitos pensam que sim. Outros duvidam ou negam. Estes últimos, naturalmente, não oram e declaram com ares de sabidos: não adianta orar, pois as leis da natureza são imutáveis; o que deve acontecer acontecerá infalivelmente... A oração é filha da ignorância e da superstição...

Exemplifiquemos. Aqui está um doente desenganado pela medicina humana. Os melhores médicos são unânimes em afirmar que ele vai morrer em breve, de um colapso cardíaco, de tuberculose, de câncer ou outra moléstia fatal.

Entretanto, na manhã seguinte, esse homem condenado à morte pela ciência humana se levanta em perfeita saúde e continua a viver por anos e decênios. Nem vestígio de lesão cardíaca, tuberculose, câncer ou outra moléstia.

Casos como esses, como todos sabem, não são fictícios. São e têm sido reais através de todos os séculos.

Que foi que aconteceu?

A ciência encolhe os ombros, perplexa, ignorante, tecendo mil hipóteses em torno do caso, sem acertar com a verdadeira explicação.

Os homens religiosos falam em milagre, quer dizer, no entender deles, houve uma intervenção divina, sobrenatural, para além das forças da natureza.

Entretanto, nem estes nem aqueles têm razão. Nem as forças materiais da ciência nem as forças sobrenaturais curaram esse organismo. Ele foi curado em virtude de forças inteiramente naturais, mas que ultrapassam o âmbito da matéria; uma vez que a natureza não é toda material; ela é material no seu plano ínfimo, mental no seu plano médio e espiritual no seu plano superior — tudo isso, porém, é natural, perfeitamente natural. O recurso a uma ordem sobrenatural não passa de um refúgio da nossa ignorância. Não há nada de sobrenatural no universo. O que chamamos sobrenatural é apenas aquela zona do natural que fica para além da zona por nós atingida. Um milhão de anos antes da nossa era teria sido sobrenatural quase tudo o que hoje em dia é natural para a nossa ciência e técnica, como aviões, submarinos, rádio, radar, televisão, etc. Quanto mais o homem se mentaliza e espiritualiza mais se naturaliza, o que equivale a dizer que se dessobrenaturaliza cada vez mais. Para o homem plenamente espiritual, tudo é natural, nada é sobrenatural. Para Jesus, todos os milagres eram naturais.

Que aconteceu, pois, com o nosso doente gravemente enfermo e desenganado pela medicina material?

Aconteceu um milagre*, mas dentro das leis da natureza. Algum homem — talvez o próprio doente — orou. "E a oração da fé salvou o doente", como escrevia, quase vinte séculos atrás, um dos iniciados nos mistérios do mundo espiritual, o apóstolo Tiago, que vira os milagres de Jesus.

Mas como pode a oração, essa coisa invisível e imaterial, produzir um efeito material, e talvez instantâneo? Pode uma causa vaga e incerta, como a oração da fé, produzir um efeito certo e concreto, como o de restaurar em pouco tempo milhões e bilhões de células orgânicas destruídas pela moléstia? Não está isso em flagrante contradição com as leis da natureza, que são férreas e imutáveis?

Meu ingênuo materialista! Saia do seu livro de á-bê-cê! Ultrapasse a sua tabuada! Matricule-se na universidade da natureza! Se a natureza fosse aquele soldadinho de chumbo ou aquela bonequinha de celuloide com que os cientistas de jardim de infância se divertem e que pomposamente apelidam de "natureza", é claro que não haveria nenhuma explicação natural para uma cura como essa. Se a oração da fé operasse apenas com elementos vagos e incertos, fracos, quase irreais, não se explicaria um efeito tão grande e palpável como a cura duma moléstia materialmente incurável, uma vez que a boa lógica nos proíbe de admitirmos um efeito maior que sua causa. Ora, se aqui temos um efeito estupendamente grande, não é lógico concluir que a causa deva ser pelo menos tão grande e poderosa como o efeito? A invisibilidade da causa em nada afeta a

---

* A própria palavra "milagre" define bem o que é. A palavra latina "miraculum", de que formamos "milagre", significa algo de que o homem se "admira". Ora, o homem só se admira de algo que ignora. Coisas conhecidas não são objeto de admiração ou espanto. Quando um fenômeno acontece cuja causa é desconhecida, o homem fica admirado, estupefato. Se lhe conhecesse a causa não se admiraria, não haveria "miraculum", milagre.

sua realidade e força, a não ser que algum ignorante erudito identifique *visibilidade* com *realidade*. A própria ciência dos nossos dias nos proíbe terminantemente de fazermos essa infeliz identificação; todo cidadão da Era Atômica sabe que visibilidade e realidade estão na razão inversa, quer dizer que tanto mais real é uma coisa quanto menos visível, tanto menos real quanto mais visível. A matéria é fartamente visível, mas é pouco real, e por isso mesmo fraca; a energia é menos visível, e por isso mais real e mais poderosa; a energia nuclear é em si totalmente imperceptível, e todos sabemos quão real e poderosa ela é. A mais imperceptível de todas as coisas reais, no plano físico, é a luz, a luz cósmica, absoluta, e é precisamente a luz que, segundo Einstein, é a realíssima realidade, a base e origem de todas as demais energias e matérias do universo.

As forças mentais e espirituais são, por sua natureza, invisíveis; são energias, e não matérias. A força espiritual tem íntima afinidade com a luz, a maior das forças que a ciência conhece. Se essa força imaterial for aplicada a um objeto material, como um organismo doente, quem não vê o tremendo impacto que ela poderá exercer sobre ele? Todo o segredo está em como aplicar essa força imaterial, à oração da fé, ao corpo material. Entretanto, há numerosos casos em que essa aplicação se verificou, como os resultados chamados milagres.

Que faz então o homem que ora com fé?

Aplica à parte material do mundo, ou do corpo, uma força espiritual; aplica o mais forte ao menos forte, e este, naturalmente, cederá àquele. Assenta a alavanca num ponto de apoio situado para além das fronteiras da matéria, executa um movimento — e desloca do seu lugar o peso enorme da moléstia física, peso que nenhum médico podia deslocar, porque não tinha ponto de apoio fora da matéria onde assentar a alavanca. O essencial é encontrar esse ponto de apoio fora da matéria. Contam que o velho matemático grego Arquimedes exclamou um dia: "Dai-me um ponto de apoio fora do mundo — e deslocarei o universo do seu eixo!" Referia-se ele à conhecida Lei da Alavanca. Todo mecânico sabe que, por exemplo, com a alavanca de um metro aplicada de modo que, digamos, 90 centímetros fiquem do lado do movente e apenas 10 do lado do peso a ser movido, a força de suspensão é multiplicada automaticamente pelo quadrado da diferença que há entre as duas partes da alavanca, relativamente ao ponto de apoio. E se o mecânico construir um sistema de alavancas concatenadas, de maneira que a parte menor de uma alavanca pegue cada vez na parte maior da outra, pode ele multiplicar indefinidamente a força da alavanca, podendo até mover com um só dedo o Pão de Açúcar, o Corcovado ou outro peso qualquer — suposto, naturalmente, que suas alavancas tenham um ponto de apoio fora do plano do peso a ser movido.

Ora, o que o homem que ora com fé faz não é outra coisa senão assentar a alavanca num fulcro situado fora do movediço areal das coisas materiais, em permanente fluxo e refluxo. Se consegue esse ponto de apoio imóvel, suspenderá e deslocará da sua base o grande peso do mal que o aflige.

Mas todo o mistério está em descobrir de fato esse ponto de apoio. Só um homem que nas regiões imateriais da natureza se sinta perfeitamente "em casa" é que poderá com infalível acerto aplicar a sua alavanca. É o que acontecia com aquele profeta de Nazaré. Não consta que tenha falhado uma só vez em suas curas milagrosas. Acertou 100%, porque esse invisível mundo espiritual era para ele tão real como o mundo visível da matéria, e as leis que governam o mundo invisível eram para Jesus matematicamente certas e meridianamente claras. Com efeito, as leis do mundo espiritual agem com a mesma precisão matemática que as leis da física, da química, da eletricidade, da eletrônica, da atômica, ou de outro departamento qualquer do plano material.

É muito estranho que os homens pensantes não se interessem seriamente por descobrir a matemática e geometria do mundo espiritual, quando o conhecimento e a aplicação dessas leis derrotariam os piores inimigos tradicionais da humanidade. Jesus nunca esteve doente, porque conhecia essas leis e vivia em perfeita harmonia com elas. Permitiu, durante algum tempo, que forças adversas vindas de fora dele o pudessem ferir — mais tarde também se tornou invulnerável nesse setor — mas nunca nasceu dentro do seu próprio corpo uma força negativa que o fizesse sofrer.

A saúde é natural, a moléstia é desnatural. Ninguém procura explicar o que é natural, todos querem explicar o que é desnatural. Por que é que sofro isto ou aquilo? O primeiro pensamento é o de um castigo infligido por algum ser invisível, algum Deus vingador. Castigo por quê? Por algum mal cometido, algum pecado. Mas, se eu não tenho consciência de pecado algum, como dizia Jó, o meu pecado deve ter sido cometido, então, numa existência anterior cuja memória não persiste na minha encarnação atual. Mas o que mais importa não é saber por que sofro, mas sim para quê. A causa do meu sofrimento é misteriosa, mas a finalidade dele é clara. Sofro para evolver, ou para me libertar de alguma impureza. Se criei a causa, posso também aboli-la.

Se o homem, quer desta, quer daquela filosofia, conseguisse ascender a regiões superiores, ultrapassando a zona da matéria e invadindo os domínios do espírito, desapareceria todo o problema e toda a problemática do sofrimento — porque desapareceria o próprio sofrimento compulsório.

Assim como a pecabilidade gerou a passibilidade, do mesmo modo a impecabilidade produz necessariamente a impassibilidade. O erro na zona espiritual se chama pecado, o erro na zona material se chama sofrimento. Sendo aquele a causa deste, é lógico que o efeito (sofrimento, passibilidade) não pode ser definitivamente abolido sem a abolição da causa (pecado, pecabilidade). Apenas em caráter transitório, intermitente, esporádico, é o sofrimento abolido no plano do pecado; mas, para a abolição permanente, radical e definitiva do sofrimento requer-se a destruição radical e permanente do pecado e da própria pecabilidade.

Com o despontar da inteligência começou no mundo a pecabilidade, que, não raro, acaba em pecado. "Espinhos e abrolhos", "trabalhos no suor do seu rosto", "parto por entre dores" são as consequências da intelectualização do homem e da mulher, porque a zona do intelecto é a zona da pecabilidade. Onde não há intelecto não há o "conhecimento do bem e do mal", não há oscilação entre a luz e as trevas, entre o positivo e o negativo. Quando o homem comeu "do fruto da árvore do conhecimento", quando o homem sensitivo do Éden se tornou o homem intelectivo da serpente, entrou ele na zona da pecabilidade, e pecabilidade quer dizer passibilidade compulsória.

Para se libertar do sofrimento é necessário que o homem se liberte da pecabilidade e do pecado. De que modo? Perdendo a inteligência, essa gloriosa conquista da humanidade pós-edênica? Não pela perda desse dom divino, mas pela integração da inteligência na razão, isto é, no espírito.

Quando o homem, egresso do Éden e ingresso no domínio da serpente, gemia oprimido de dores e sofrimentos, percebeu ele, nas íntimas profundezas da sua natureza, uma voz que lhe dizia: "De dentro da tua própria estirpe nascerá alguém que esmagará a cabeça da serpente".

É essa a primeira voz longínqua da redenção do homem. São esses os primeiros albores do dia que há de nascer após as trevas e penumbras da humanidade pecadora e sofredora de hoje.

Que poder é esse que nascerá das profundezas da própria natureza humana e sujeitará a seu domínio a própria inteligência?

É o poder da razão, do espírito divino latente no homem. Um dia, esse espírito acordará — e já acordou plenamente, pelo menos num representante da humanidade, no "filho do homem", no homem por excelência.

Que é que fará acordar no homem pecador e sofredor de hoje esse espírito divino, a Razão, o eterno *Lógos*, seu verdadeiro Eu divino?

A oração, a frequente e intensa submersão no oceano da divindade, a comunhão com Deus, o permanente "andar na presença de Deus".

Que é orar? Um ato ou uma atitude?

"É necessário orar sempre, e nunca deixar de orar."

Essas palavras de Jesus são para o homem profano o maior dos enigmas — ou então o maior dos absurdos. Como posso orar sempre, se tenho de trabalhar? Se cumprisse essa ordem de Jesus, deveria desistir de todos os meus trabalhos profissionais, descuidar-me da família, dos deveres sociais, da ciência, da arte e de tudo que faz da vida humana uma existência possível e digna. O cristianismo, como se vê, não é compatível com uma vida normalmente humana.

Assim dizem e pensam os analfabetos do mundo espiritual.

Por quê?

Porque ignoram completamente o que seja "orar".

"Orar" é, para o homem comum, proferir certas fórmulas, em certos tempos, em certos lugares, sobretudo aos domingos, numa determinada igreja.

"Orar", no sentido de Jesus e de todos os gênios espirituais, não é um ato, mas sim uma atitude, embora essa atitude interna, permanente se manifeste, de vez em quando, em atos externos, transitórios. A íntima essência da oração, porém, é uma atitude, isto é, um modo de ser, uma espécie de clima ou atmosfera interior, assim como a vida, a saúde, a alegria, o amor, que são estados ou atitudes do ser humano, e não apenas atos externos.

É necessário, diz o Mestre, que o homem crie dentro de si essa atmosfera permanente de oração e viva nesse ambiente, como quem vive em plena luz solar. A luz solar não impede ninguém de trabalhar; pelo contrário, favorece o trabalho, dá saúde, bem-estar, alegria, felicidade, e mata os miasmas que poderiam destruir a saúde. A oração permanente de que Jesus fala é, pois, uma espécie de constante luminosidade interior, ou uma consciência espiritual que envolve e penetra todos os nossos trabalhos diários, cingindo tudo de um como que invisível halo, duma auréola de beleza, leveza e poesia.

Embora a oração seja essencialmente uma atitude permanente, contudo ela não pode prescindir de atos individuais, assídua e intensamente repetidos. A atitude é uma espécie de estratificação subterrânea que se formou dos resíduos inconscientes de numerosos atos conscientes que, por assim dizer, desceram da superfície do Ego para as profundezas do Eu, e ali se depositaram até formar essa vasta camada do hábito permanente, que chamamos atitude.

Uma vez que essa camada subconsciente — ou, melhor, superconsciência — adquiriu suficiente volume, dela irradiam invisíveis energias rumo à superfície do Ego consciente, que, a partir daí, age, mesmo sem o saber, em virtude dessa zona superconsciente do seu ser. Daí a grande necessidade da formação de atitudes ou hábitos positivos, bons, e o perigo da criação de hábitos negativos, maus.

A fim de formar essa atitude permanente, deve o homem ter uma hora certa, cada dia, para se abismar completamente no mundo espiritual. Essa hora de oração, meditação ou comunhão com Deus é absolutamente indispensável para a saúde e vida da alma. Durante a meditação, deve todo o nosso Eu espiritual estar, fixa e intensamente, focalizado em Deus e no mundo divino, sem divagar pelo mundo dos sentimentos ou dos pensamentos. É o que Jesus chama "retirar-se para o seu cubículo, fechar a porta atrás de si e orar a sós com Deus". Nessa hora espiritual, a alma se torna como que uma aguda lâmina, uma chama de intensíssima vibração, sem irrequietos bruxuleios, que seriam sinal de baixa frequência ou pouca intensidade. Para facilitar essa focalização imóvel, muitas pessoas servem-se de palavras como estas, internamente proferidas: "Eu e o Pai somos um", "O Pai está em mim e eu estou no Pai", "O Cristo vive em mim", "Eu sou a Luz do mundo", etc.

Quanto mais diuturna e intensa for essa focalização da consciência espiritual, tanto maior a abundância de luz e força que a alma recebe, uma vez que a medida do recebimento depende do grau de receptividade, e essa prática eleva e intensifica grandemente a receptividade da alma.

Terminada a meditação, ou oração meditada, volta o homem a seus afazeres cotidianos, mas sem perder o contato interno com o mundo espiritual, que passará a espiritualizar o seu mundo material, não só sem prejuízo, mas até com real vantagem desse mesmo mundo material.

* * *

Saúde quer dizer integração do indivíduo no Todo.

Doença é integração deficiente do indivíduo no Todo.

Morte é falta total de integração, ou seja, separação mortífera.

No plano material, essa integração do indivíduo no Todo maior é feita constantemente de dois modos: pela *alimentação* e pela *respiração*. Cerca de três vezes por dia, de oito em oito horas, o organismo humano normal se põe em contato mais direto com o Todo, o Universo, o Mundo circunjacente, mediante a ingestão e assimilação de novas energias armazenadas nos alimentos que toma, energias que a ciência denomina significativamente "calorias". Caloria vem de calor. De fato, todas as energias que recebemos pela alimentação provêm da luz solar. Toda comida é filha do sol.

Cerca de 15 vezes por minuto, em estado de repouso normal, recebe o nosso organismo, além disso, energias cósmicas por meio da respiração, o que perfaz cerca de 900 inalações e exalações por hora, ou 21.600 por dia. O oxigênio inalado é o vínculo que põe o organismo individual em contato direto com o vasto oceano das energias do Universo, contato renovado umas 21.600 vezes por dia, mesmo durante o sono.

Sem esse permanente e sempre renovado contato entre o corpo individual e as energias do Universo não há vida nem saúde.

Ora, essa mesma lei do mundo material vigora também no

mundo espiritual: vida e saúde são permanente contato entre o ser individual e o ser universal. O que, no plano material, orgânico, é feito por meio da assimilação e respiração, é feito, no plano espiritual, por meio da oração ou permanente comunhão com Deus. Sem esse contato não há vida e saúde espiritual. Onde cessa a assimilação ou respiração, sucumbe o indivíduo por inanição ou asfixia — e onde cessa a oração, que é a assimilação e respiração da alma, adoece e desfalece a alma por falta de elementos vitais.

Conhecedor dessa verdade, disse Jesus: "É necessário orar sempre, e nunca deixar de orar". A oração são as calorias e o oxigênio do espírito.

Que ideia formaríamos de um homem que dissesse: "Não posso respirar sempre porque tenho de trabalhar?" Ora, não menos absurda é a atitude de um homem que julga não poder orar sempre porque tem de exercer esta ou aquela profissão.

Existe uma relação íntima entre corpo e alma, entre a parte material e espiritual do homem. E muitas vezes, se não sempre, uma parte age sobre a outra, a saúde ou doença de uma afeta o bem-estar ou mal-estar de outra parte. "Vai-te e não tornes a pecar, para que não te suceda coisa pior." "Tem confiança, meu filho, os teus pecados te são perdoados — levanta-te e anda!" É com essas palavras que Jesus afirma a estreita relação entre a moléstia material e a moléstia moral desses homens.

* * *

Entretanto, raras vezes chega a saúde espiritual a atingir suficiente perfeição para que possa, sem auxílio externo, realizar a saúde material.

No Evangelho, aquele centurião de Cafarnaum que, segundo Jesus, tinha uma fé maior do que outro qualquer em Israel, não curou o seu servo doente; mas, em contato com o poderoso foco espiritual de Jesus, essa fé foi grandemente potencializada — e deu-se a cura do doente. Coisa análoga aconteceu com a mulher cananeia, cuja fé, no dizer de Jesus, era grande, mas só pelo contato com a espiritualidade superior do Nazareno é que conseguiu curar a filha atormentada por um mau espírito. Mesmo aquele outro homem que, num só fôlego, se confessa crente e descrente — "creio, Senhor, ajuda a minha incredulidade" — obtém a cura de um doente, porque o baixo potencial da sua fé foi potencializado pelo contato com a elevada espiritualidade do Mestre.

Um ímã de alta potência, atuando sobre outro de baixa potência, potencializa este e capacita-o de realizar o que ele, isoladamente, não poderia prestar.

Uma bateria de alta voltagem, posta em contato — ou mesmo sem contato, por simples indução indireta — com outra bateria de voltagem inferior, eleva a voltagem desta e lhe confere um poder acima do que ela possuía por si mesma. Nunca uma bateria mais forte perde energia pelo contato com uma bateria menos forte, mas sempre esta ganha pelo contato com aquela, porque o mais domina o menos, o positivo eleva o negativo, a plenitude dá do seu à vacuidade, "a luz brilha nas trevas, e as trevas não a extinguiram"...

Em resumo: o poder da oração não está no orante, mas sim no mundo espiritual com o qual o orante se põe em contato mediante a oração da fé. O orante não é fonte, senão apenas canal ou veículo entre o mundo material e o mundo espiritual. Se esse canal é limpo, idôneo, não obstruído, derivam espontaneamente, através dele, os fluidos espirituais e atuam sobre o mundo material. E é por isso mesmo que "tudo é possível àquele que tem fé"; "tudo que pedirdes em meu nome, crede que o recebereis".

E acontece aquilo que se chama "milagre", isto é, a invasão do mundo espiritual no mundo material da natureza.

Dia virá em que o chamado "milagre" passará a fazer parte integrante da ciência e vida normal do homem, assim como, em nossos dias, a eletricidade, o magnetismo, a energia nuclear e outras forças, outrora misteriosas e hoje conhecidas, fazem parte da vida do homem no século XX e dos vindouros.

A ORAÇÃO — SEU PODER E EFEITOS
Autor: dr. Alexis Carrel
Formato: bolso: 14 x 21 cm
Livraria Tavares Martins
Porto, Portugal
(Ver p. 116)

A Oração — Seu Poder e Efeitos

DR. ALEXIS CARREL
AUTOR DE *O HOMEM, ESSE DESCONHECIDO*

Prefácio

Em dezembro de 1940, o autor deste texto escreveu em inglês, para a grande revista americana Reader's Digest *um artigo sobre o poder da oração. Esse artigo foi publicado em princípios de 1941, depois de ter sido reduzido e remodelado por um dos editores. Em seguida, foi traduzido para o francês, provavelmente na Suíça, e apareceu no* Jornal de Genève. *Mais tarde, voltou a ser publicado na França num dos números da* Semaine Religieuse. *Foi então que o autor teve conhecimento dessa tradução e, não tendo ficado satisfeito com ela, resolveu escrever, nos primeiros dias de janeiro de 1941, um novo ensaio sobre a oração.*

O autor não é um teólogo nem um filósofo. Exprime-se na linguagem de toda a gente e emprega as palavras na sua acepção vulgar, embora por vezes as empregue também no seu significado científico. Pede, portanto, aos teólogos que usem para com ele da mesma indulgência de que ele usaria para com esses mesmos teólogos, se tivessem de tratar qualquer assunto que dissesse respeito à fisiologia. Este estudo da oração é um resumo extremamente breve de uma inumerável quantidade de observações recolhidas no decurso de uma longa carreira passada junto de pessoas de todas as condições — ocidentais, orientais, doentes, gente com saúde, padres católicos, religiosos e religiosas de todas as ordens, pastores protestantes de todas as seitas, rabinos, médicos, enfermeiros, homens e mulheres de todas as profissões e de todas as classes da sociedade. Por outro lado, a sua experiência de cirurgião, de médico e de fisiologista, bem como os estudos de laboratório a que há muitos anos se entrega sobre a regeneração dos tecidos e a cicatrização de feridas, permitiram-lhe apreciar, pelo seu justo valor, certos efeitos curativos da oração. Por isso, apenas se refere a coisas por ele mesmo observadas ou cujo conhecimento lhe foi fornecido por homens incapazes de qualquer observação que não fosse honesta e precisa. Preferiu ser incompleto a citar fatos insuficientemente provados. Acima de tudo, esforçou-se por se firmar no terreno sólido da realidade.

Falar da oração aos homens modernos parecerá, à primeira vista, um esforço bastante inútil. Mas não será indispensável que nós conheçamos todas as atividades de que somos capazes? De fato, não podemos deixar nenhuma delas inutilizada, sem corrermos um grave risco, para nós e para os nossos descendentes. A atrofia do sentido do sagrado afigura-se-nos tão prejudicial como a atrofia da inteligência. Estas linhas dirigem-se, portanto, a todos: aos crentes e aos que não creem. A vida, para ser bem-sucedida, impõe a todos as mesmas obrigações e exige que todos procedamos em harmonia com a nossa estrutura corporal e mental. Por essa razão, ninguém deve ignorar as necessidades mais fundas e mais sutis da natureza humana.

Introdução

A nós — homens do Ocidente — a razão parece-nos muito superior à intuição, preferimos grandemente a inteligência ao sentimento. A ciência irradia, ao passo que a religião extingue-se. Seguimos Descartes e abandonamos Pascal.

Dessa maneira, procuramos primeiramente desenvolver em nós a inteligência. Quanto às atividades não intelectuais do espírito, tais como o senso moral, o senso do belo e — sobretudo — o sentido do sagrado, são desprezadas por forma quase completa. A atrofia dessas atividades fundamentais torna o homem moderno um ser completamente cego, e essa enfermidade não lhe permite ser um bom elemento constitutivo da sociedade. É à má qualidade do indivíduo que temos de atribuir o desmoronamento da nossa civilização. De fato, o espiritual torna-se tão indispensável ao bom sucesso na vida como o intelectual e o material. É, portanto, urgente fazer renascer em nós mesmos aquelas atividades mentais que, mais do que a inteligência, dão força à nossa personalidade. E a mais ignorada dentre elas é o sentido do sagrado ou o sentimento religioso.

O sentido do sagrado exprime-se, sobretudo, pela oração. A oração, como o sentido do sagrado, é, evidentemente, um fenômeno espiritual. Mas, encontrando-se o mundo espiritual fora do alcance das nossas técnicas, como devemos, portanto, adquirir um conhecimento positivo da oração? Felizmente, o domínio da ciência abarca a totalidade do que é observável e pode, por intermédio da fisiologia, estender-se até às manifestações do espiritual. Assim, é pela observação sistemática do homem que reza que nós poderemos apreender em que consiste o fenômeno da oração, a técnica da sua produção e os seus efeitos.

Definição da oração

A oração parece ser essencialmente uma tensão do espírito para o *substractum* imaterial do mundo. De uma maneira geral, consiste numa queixa, num grito de angústia, num pedido de socorro e, por vezes, converte-se numa serena contemplação do princípio imanente e transcendente de todas as coisas. Podemos igualmente defini-la como uma elevação da alma até Deus, ou como um ato de amor e adoração para com Aquele a quem se deve esta maravilha a que se chama vida. De fato, a oração representa o esforço do homem para comunicar-se com um ser invisível, criador de tudo o que existe, suprema sabedoria, força e beleza, pai e salvador de cada um de nós. Longe de consistir numa simples recitação de fórmulas, a verdadeira oração representa um estado místico em que a consciência se absorve em Deus. Esse estado não é de natureza intelectual e, por isso, conserva-se inacessível para filósofos e sábios; da mesma forma que o sentido do belo e do amor, não exige qualquer conhecimento livresco. As almas simples sentem Deus tão naturalmente como sentem o calor do sol ou o perfume duma flor; mas este Deus, tão abordável para aquele que O sabe amar, oculta-se àquele que não O sabe compreender. O pensamento e a palavra sentem-se impotentes para O descrever. E é por isso que a oração encontra a sua mais alta expressão num arroubo de amor através da noite escura da inteligência.

Como se deve orar

Como se deve orar? Aprendemos a técnica da oração com os místicos cristãos desde São Paulo até São Bento, e até essa multidão de apóstolos anônimos que, durante vinte séculos, iniciaram os povos do Ocidente na vida religiosa. O Deus de Platão era inacessível na sua grandeza; o de Epiteto confundia-se com a alma das coisas e Javé era um déspota oriental que inspirava terror e não amor. O cristianismo, pelo contrário, pôs Deus ao alcance do homem. Deu-lhe uma face; fê-lo nosso pai, nosso irmão e nosso salvador. Para atingir Deus, já não há necessidade de um cerimonial complexo nem de sacrifícios sangrentos. A oração tornou-se assim fácil, e a sua técnica, simples.

Para orar, basta somente o esforço de nos elevarmos até Deus; tal esforço, porém, deve ser afetivo e não intelectual. Uma meditação sobre a grandeza de Deus, por exemplo, não é uma oração, a não ser que seja, ao mesmo tempo, uma expressão de amor e de fé. E assim a oração, segundo o processo de La Salle, parte de uma consideração intelectual para logo se tornar afetiva. Seja curta ou longa, seja vocal ou apenas mental, a prece deve ser semelhante à conversa que uma criança tem com seu pai. "Cada um apresenta-se conforme é", dizia um dia uma pobre irmã de caridade, que há trinta anos queimava a sua vida a serviço dos pobres. Em suma: ora-se como se ama — com todo o nosso ser.

Quanto à forma da oração, varia desde a curta elevação a Deus até a contemplação; desde as simples palavras pronunciadas pela camponesa que ajoelha perante a cruz na encruzilhada dos caminhos até a magnificência do canto gregoriano sob as abóbadas de uma catedral. A solenidade, a grandeza e a beleza não são necessárias para a eficácia da oração. Poucos homens têm sabido orar como São João da Cruz ou mesmo São Bernardo de Clairvaux, não havendo necessidade de ser eloquente para se ser atendido. Quando se avalia o valor da oração pelos seus resultados, as nossas mais humildes palavras de súplica e de louvor são tão aceitáveis ao Senhor de todos os seres como as mais belas invocações. Fórmulas recitadas maquinalmente são, também, de qualquer forma, uma oração. Sucede o mesmo que acontece com a chama de um círio. Basta para isso que essas fórmulas inertes e essa chama material simbolizem o arroubo de um ser humano para Deus. E também se ora por meio da ação, pois já São Luís Gonzaga dizia que o cumprimento do dever é equivalente à oração. A melhor maneira de se comunicar com Deus é, incontestavelmente, cumprir de modo integral a sua vontade.

"Pai Nosso, venha a nós o vosso reino, seja feita a vossa vontade na terra como no céu..." E fazer a vontade de Deus consiste, evidentemente, em obedecer às leis da vida, tais como elas se encontram gravadas nos nossos tecidos, no nosso sangue e no nosso espírito.

As orações, que se elevam como uma pesada nuvem da superfície da terra, diferem tanto umas das outras como diferem as personalidades daqueles que rezam. Mas consistem em variações sobre estes dois mesmos temas — a amargura e o amor. É inteiramente justo implorar o auxílio de Deus para se obter aquilo de que temos necessidade; no entanto, seria absurdo pedir a realização de um capricho ou pedir aquilo que devemos procurar pelo nosso esforço. O pedido importuno, obstinado e agressivo é bem-sucedido. Um cego, sentado à beira do caminho, lançava as suas súplicas cada vez mais alto, apesar das pessoas que o queriam mandar calar. "A tua fé curou-te", disse Jesus, que passava. Na sua forma mais elevada, a oração deixa de ser uma petição. O homem declara ao Senhor de todas as coisas que O ama, que lhe agradece as suas dádivas e que está pronto a realizar a sua vontade, seja ela qual for. A oração torna-se contemplação. Um velho camponês estava sentado sozinho no último banco da igreja vazia. "Que esperais?", perguntaram-lhe. "Olho para Ele", respondeu esse homem, "e Ele olha para mim". O valor de uma técnica avalia-se pelos seus resultados. Toda técnica de oração é boa, quando põe o homem em contato com Deus.

Onde e quando se deve orar

Onde e quando se deve orar? Pode-se orar em toda parte: na rua, num automóvel, num vagão, no escritório, na escola, na oficina. Mas ora-se melhor nos campos, nas montanhas, nos bosques ou na solidão do quarto. Há, também, as orações litúrgicas que se fazem na igreja; mas, seja qual for o lugar da oração, Deus não fala ao homem se este não se mantiver num estado de calma. A calma interior depende, ao mesmo tempo, do nosso estado orgânico e mental e do meio em que nos encontramos mergulhados; mas a paz do corpo e do espírito é difícil de conseguir no meio da confusão, do barulho e da dispersão das cidades modernas. Hoje em dia, há necessidade de lugares destinados à oração, e estes são de preferência as igrejas, onde os habitantes das cidades poderão encontrar, embora num curto instante, as condições físicas e psicológicas indispensáveis à sua tranquilidade interior. Não seria difícil nem custoso criar assim umas ilhotas de paz, acolhedoras e belas, no meio do tumulto das grandes capitais. No silêncio desses refúgios, os homens poderiam, elevando o seu pensamento para Deus, repousar os seus músculos e órgãos, distender o espírito, clarificar o raciocínio e cobrar a força necessária para poderem suportar a dura vida com que os acabrunha a nossa civilização.

É só se tornando um hábito que a oração atua sobre o caráter, sendo preciso, portanto, orar frequentemente. "Pensa em Deus mais vezes do que respiras", dizia Epiteto. É absurdo que oremos de manhã e que, no decorrer do dia, nos comportemos como bárbaros. Pensamentos muito curtos ou invocações mentais podem manter o homem na presença de Deus, e toda a nossa maneira de proceder é então inspirada pela oração. Assim compreendida, a prece torna-se uma maneira de viver.

Efeitos da oração

A oração é sempre seguida de um resultado, desde que seja feita em condições convenientes. "Nunca homem algum orou sem aprender alguma coisa", escreveu Ralph Waldo Emerson. No entanto, o orar é considerado pelos homens modernos como um hábito que caiu em desuso, uma vã superstição ou um resto de barbarismo. Por isso, ignoramos quase completamente os seus efeitos.

Quais são, de fato, as causas dessa ignorância? Em primeiro lugar, a raridade da oração.

O sentido do sagrado está prestes a desaparecer entre os civilizados, sendo provável que o número dos franceses que oram não vá além de 4% ou 5% da população. Depois, a oração é muitas vezes estéril, visto que a maior parte daqueles que oram são egoístas, mentirosos, orgulhosos e fariseus incapazes de fé e de amor. Por último, os seus efeitos, quando se chegam a produzir, escapam-nos muitas vezes. A resposta aos nossos pedidos e ao nosso amor é dada usualmente por uma forma lenta, insensível e quase inaudível. A débil voz que murmura essa resposta no mais íntimo de nós é facilmente abafada pelos ruídos do mundo, e os próprios resultados materiais da oração são obscuros, pois se confundem geralmente com outros fenômenos. Poucas pessoas, mesmo entre os padres, têm tido ocasião de os observar por uma forma precisa; os próprios médicos, por falta de interesse, deixam muitas vezes sem estudo certos casos que se encontram ao seu alcance. Por outro lado, os observadores ficam muitas vezes desnorteados pelo fato de que a resposta está, em muitos casos, longe de ser aquela que se esperava. Assim, aquele que implora a cura de uma doença orgânica continua doente, mas sofre uma profunda e inexplicável transformação moral. No entanto, o hábito da oração, embora seja uma exceção no conjunto da população, é relativamente frequente nos agrupamentos que se mantêm fiéis à religião dos antepassados. E é nesses agrupamentos que se torna ainda possível estudar a sua influência. Entre os seus inumeráveis efeitos, o médico tem oportunidade de observar, sobretudo, aqueles que se chamam psicofisiológicos e curativos.

Efeitos psicofisiológicos

A oração atua sobre o espírito e sobre o corpo por uma forma que parece depender da sua qualidade, da sua intensidade e da sua frequência. É fácil conhecer qual é a frequência da oração e, numa certa medida, a sua intensidade; quanto à qualidade, mantém-se desconhecida, visto que não possuímos meio de medir a fé e a capacidade de amor de outrem. No entanto, a maneira como vive aquele que ora pode-nos esclarecer sobre a qualidade das invocações que ele dirige a Deus. Mesmo quando a oração é de fraco valor e consiste, principalmente, na recitação de fórmulas, exerce um efeito sobre o comportamento do indivíduo: fortifica, ao mesmo tempo, o sentido do sagrado e o senso moral. Os meios onde se ora caracterizam-se por certa persistência do sentimento do dever e da responsabilidade, por menos inveja e maldade, e por certa bondade para com os outros. Parece estar demonstrado que, em igualdade de desenvolvimento intelectual, o caráter e o valor moral são mais elevados entre os indivíduos que oram, mesmo por forma medíocre, do que entre os que não oram.

Quando a oração é habitual e verdadeiramente fervorosa, a sua influência torna-se mais manifesta, e podemos compará-la à de uma glândula de secreção interna, como, por exemplo, a tireoide ou a suprarrenal. Consiste numa espécie de transformação mental e orgânica, transformação que se opera por uma forma progressiva. Dir-se-ia que no mais profundo da consciência se acende uma chama. O homem vê-se tal qual é. Põe a descoberto o seu egoísmo, a sua cupidez, os seus juízos errados e o seu orgulho. E, então, verga-se ao cumprimento do dever moral, procurando adquirir a humildade intelectual. Assim se abre perante ele o reino da Graça. Pouco a pouco, vai-se produzindo um apaziguamento interior, uma harmonia de atividades nervosas e morais, uma maior resignação perante a pobreza, a calúnia e as canseiras, bem como a capacidade de suportar, sem enfraquecimento, a perda dos seus, a dor, a doença e a morte. Por tal motivo, o médico que vê o seu doente orar deve-se regozijar com isso, pois a calma proveniente da oração é uma poderosa ajuda para a terapêutica.

No entanto, não devemos assemelhar a oração à morfina, visto que a prece origina, ao mesmo tempo que a calma, de uma integração das atividades mentais e uma espécie de floração da personalidade.

Por vezes, produz mesmo o heroísmo e marca os seus fiéis com um selo particular. A pureza do olhar, a tranquilidade do porte, a alegria serena da expressão, a virilidade do comportamento e, se for necessário, a simples aceitação da morte do soldado ou do mártir traduzem a presença do tesouro que se oculta no íntimo dos órgãos e do espírito. Sob essa influência, mesmo os ignorantes, os retardados, os fracos e os maldotados utilizam melhor as suas forças intelectuais e morais. A oração, segundo parece, eleva os homens acima da estatura mental que lhes pertence de harmonia com a sua hereditariedade e a sua educação. Esse contato com Deus impregna-os de paz. E a paz irradia deles. E levam a paz para toda parte para onde vão. Infelizmente, não há, hoje em dia, senão um número ínfimo de indivíduos que sabem orar de uma maneira eficiente.

Efeitos curativos

São os efeitos curativos da oração que, em todas as épocas, têm despertado principalmente a atenção dos homens. Hoje ainda, nos meios em que se reza, é corrente ouvir-se falar de curas obtidas graças a súplicas dirigidas a Deus ou aos seus santos. Mas, quando se trata de doenças suscetíveis de se curarem espontaneamente ou com a ajuda de medicamentos vulgares, é difícil saber qual foi o verdadeiro agente da cura. É apenas em casos em que a terapêutica é inaplicável, ou em que ela não produziu efeito, que os resultados da oração podem ser verificados por forma segura. A repartição médica de Lourdes tem prestado um grande serviço à ciência, demonstrando a realidade dessas curas. A oração tem, por vezes, um efeito que poderemos chamar explosivo. Há doentes que têm sido curados quase instantaneamente de afecções tais como o *lupus* facial, cancro, infecções renais, tuberculose pulmonar, tuberculose óssea, tuberculose peritoneal, etc. O fenômeno produz-se quase sempre da mesma maneira: uma grande dor e, em seguida, a percepção de se estar curado. Em alguns segundos ou, quando muito, em algumas horas, os sintomas desaparecem e as lesões orgânicas cicatrizam.

O milagre é caracterizado por uma extrema aceleração dos processos normais de cura. E nunca tal aceleração foi observada, até o presente, no decorrer das experiências feitas por cirurgiões e fisiologistas.

Para que esses fenômenos se produzam, não há necessidade de que o doente ore, pois foram curadas em Lourdes criancinhas que ainda não falavam e, até, pessoas descrentes. Alguém, porém, orava perto delas. A oração feita por outrem é sempre mais fecunda do que a feita pela própria pessoa. É da intensidade e da qualidade da prece que parece depender o seu efeito. Em Lourdes, os milagres são muito menos frequentes do que o eram há quarenta ou cinquenta anos. É que os doentes lá já não encontram aquela atmosfera de profundo recolhimento que ali reinava outrora: os peregrinos tornaram-se turistas e as suas preces são ineficazes.

Tais são os resultados da oração de que eu tenho um conhecimento certo. No entanto, ao lado desses, há muitos outros. A história dos santos, mesmo dos mais modernos, relata-nos muitos fatos maravilhosos, e não há dúvida de que a maior parte dos milagres atribuídos, por exemplo, ao cura d'Ars é absolutamente verídica. Esse conjunto de fenômenos conduz-nos para um mundo novo, cuja exploração não foi ainda iniciada, mas que há de ser fértil em surpresas. O que sabemos já por forma segura é que a oração produz efeitos palpáveis. Por muito estranho que isso nos possa parecer, devemos considerar como verdadeiro que quem pede o recebe e que sempre se abre a porta a quem bate.

Significado da oração

Em suma: tudo se passa como se Deus escutasse o homem e lhe respondesse, os efeitos da oração não são uma ilusão. Não é preciso reduzir o sentimento do sagrado à angústia experimentada pelo homem perante os perigos que o rodeiam e perante o mistério do universo. Tampouco será preciso fazer da oração uma porção calmante, um remédio contra o medo do sofrimento, da doença ou da morte. Qual é, portanto, o significado do sentimento religioso? E qual é o lugar que a própria natureza assinala à oração na nossa vida? Convençamo-nos de que esse lugar é muito importante. Em quase todas as épocas, os homens do Ocidente oraram. A cidade antiga era, principalmente, uma instituição religiosa. Por toda parte os romanos erigiram templos e os nossos antepassados da Idade

Média cobriram de catedrais e de capelas góticas o solo da cristandade. Ainda nos nossos dias, acima de cada aldeia, ergue-se um campanário. Foi por meio das igrejas, como pelas universidades e pelas fábricas, que os peregrinos vindos da Europa instauraram no Novo Mundo a civilização do Ocidente. No decorrer da nossa história, a oração tornou-se uma necessidade tão elementar como a de conquistar, de trabalhar, de construir ou de amar. De fato, o sentimento religioso parece ser um impulso que brota do mais profundo da nossa natureza, ou seja, uma atividade fundamental. As suas variações num agrupamento humano estão quase sempre ligadas às das outras atividades básicas — o senso moral, o caráter e, por vezes, o sentimento do belo. E é essa parte tão importante de nós mesmos que deixamos atrofiar e, até, desaparecer.

Precisamos nos lembrar de que o homem não pode, sem grave risco, deixar-se conduzir ao sabor da sua fantasia.

Para que triunfemos, a vida tem de ser levada em harmonia com regras invariáveis e que dependem da sua própria estrutura.

Corremos sempre um perigo importante, quando deixamos morrer em nós qualquer atividade fundamental, seja ela fisiológica, intelectual ou espiritual. Assim, por exemplo, a falta de desenvolvimento dos músculos, do esqueleto e das atividades não racionais do espírito, em certos intelectuais, é tão desastrosa como a atrofia da inteligência e do senso moral em alguns atletas. Há inumeráveis exemplos de famílias prolíficas e fortes que não produziram senão degenerados ou que se extinguiram após o desaparecimento das crenças dos seus antepassados e do culto da honra. Aprendemos, por uma dura experiência, que a perda do senso moral e do sentimento religioso, na maioria dos elementos ativos de uma nação, tem, como resultado, a perda dessa mesma nação e a sua sujeição ao estrangeiro. A queda da Grécia antiga foi precedida por um fenômeno análogo. É evidente, portanto, que a supressão de atividades mentais exigidas pela natureza é incompatível com o êxito da vida.

Na prática, as atividades morais e religiosas estão ligadas umas às outras. O senso moral desaparece logo após o desaparecimento do sentimento religioso. O homem não conseguiu construir, como queria Sócrates, um sistema de moral que fosse independente de toda doutrina religiosa. Todas as sociedades que põem à margem a necessidade de orar estão em via de declínio. E é por isso que todos os que são civilizados — crentes ou descrentes — devem-se interessar por este grave problema do desenvolvimento de cada atividade básica de que o corpo é capaz.

Qual é a razão por que o sentimento religioso desempenha um papel tão importante no êxito da vida? Por meio de que mecanismo atua a oração sobre nós? Neste ponto, deixamos o domínio da observação para entrarmos no da hipótese. Mas a hipótese, mesmo quando ousada, é necessária ao progresso do conhecimento.

Devemo-nos lembrar, primeiramente, de que o homem é um todo indiviso, composto de tecidos, de líquidos orgânicos e de uma consciência. Não está, portanto, inteiramente compreendido nas quatro dimensões do espaço e do tempo, pois a consciência, se reside nos órgãos, prolonga-se ao mesmo tempo para fora do *continuum* físico. Por outro lado, o corpo vivo, que nos parece independente do seu meio material, isto é, do universo físico, é, na realidade, inseparável dele. Assim, está intimamente ligado a esse meio pela necessidade constante do oxigênio do ar e dos alimentos que a terra lhe fornece. Não nos será, pois, permitido acreditar que estamos mergulhados num meio espiritual, sem o qual não podemos passar, como não podemos passar sem o universo material, isto é, a terra e o ar? E esse meio não será outro senão o ser imanente em todos os seres e que a todos transcende, ao qual chamamos Deus. A oração poderia, portanto, ser considerada como o agente das relações naturais entre a consciência e o meio que lhe é próprio, e como uma atividade biológica dependente da nossa estrutura. Por outros termos: como uma função normal do nosso corpo e do nosso espírito.

Conclusão

Em resumo: o sentimento do sagrado assume, em relação com as outras atividades do espírito, uma singular importância, porque nos põe em comunicação com a imensidade misteriosa do mundo espiritual. É pela oração que o homem vai até Deus e que Deus entra nele. Orar é um ato que se mostra indispensável para o nosso supremo desenvolvimento. Não devemos considerar a oração como um ato praticado apenas pelos fracos de espírito, pelos mendigos ou pelos covardes.

"É vergonhoso orar", escrevia Nietzsche. Não é mais vergonhoso orar do que beber ou respirar. O homem tem necessidade de Deus, como tem necessidade de água e de oxigênio. Juntamente com a intuição, com o senso moral, com o senso do belo e com a luz da inteligência, o sentimento do sagrado dá à personalidade o seu pleno desabrochar. E não se pode pôr em dúvida que o êxito da vida exige o desenvolvimento integral de cada uma das nossas atividades fisiológicas, intelectuais, afetivas e espirituais. O espírito é, ao mesmo tempo, razão e sentimento. Temos de amar a beleza da ciência e também a beleza de Deus. É necessário que escutemos Pascal com o mesmo fervor com que escutamos Descartes.

O PODER DO
PENSAMENTO
POSITIVO
Autor: Norman Vincent
Peale
Formato: 14 x 21 cm
270 páginas
Editora Cultrix
São Paulo
(Ver p. 118)

Recorra ao Poder da Oração

NORMAN VINCENT PEALE

Dois homens se empenhavam numa conversação muito séria num escritório, situado na parte alta de um edifício longe do burburinho das ruas. Um, fortemente perturbado por uma crise de negócios e também de caráter íntimo, caminhava de um lado para outro, na sala; sentou-se depois e enfiou a cabeça entre as mãos. Dava a impressão de se achar desesperado. Tinha procurado o outro para que o aconselhasse naquela emergência. Esse outro era considerado um homem de grande experiência e compreensão. Juntos sondaram o problema por todos os ângulos, mas, ao que parece, sem resultado, o que apenas servia para agravar o estado de espírito do que viera à cata de conselho.

— Creio que não há poder algum na terra que me possa salvar — disse ele num suspiro.

O outro refletiu por uns momentos, falando depois um tanto timidamente: "Não encararia a coisa dessa maneira. Creio que você está errado dizendo que não existe poder algum que possa salvá-lo.

Pessoalmente, tenho encontrado uma resposta para todos os problemas. Há uma força que poderá auxiliá-lo. Acrescentou depois, lentamente: Por que não experimenta a força da oração?"

O homem, que se achava desanimado, surpreendeu-se com aquelas palavras.

— Acredito naturalmente na oração — disse. — Talvez eu não saiba como fazê-la. Você fala nisso como se fosse qualquer coisa prática que se adapta a problemas de negócios. Nunca cogitei desse recurso, mas estou disposto a experimentar as orações se me disser como devo fazê-las.

Ele aplicou as normas práticas das orações e, no devido tempo, recebeu sua resposta. As questões foram finalmente resolvidas de modo satisfatório. Não quer isso dizer que não tivesse tido dificuldades. De fato, passou por uma fase espinhosa, mas acabou livrando-se dos problemas que o atormentavam. Ele acredita agora firmemente na força da oração e, nisso, enche-se de entusiasmo. Ouvi-o dizer recentemente: "Todo problema pode ser solucionado e solucionado de modo acertado, se fizermos orações".

Peritos em saúde e bem-estar do corpo muitas vezes utilizam as orações em sua terapêutica. A incapacidade, a tensão e males afins podem resultar de falta de harmonia interior. É notável como a oração restabelece o funcionamento harmonioso do corpo e da alma. Um amigo meu, especialista em fisioterapia, declarou a um homem nervoso, em quem aplicava uma massagem:

— Deus opera através de meus dedos neste momento em que procuro acalmar seu corpo físico, que é o templo de sua alma. Enquanto estou fazendo massagens nessa parte externa de seu ser, quero que você reze para que Deus lhe acalme o espírito.

Aquilo era uma novidade para o paciente, mas aconteceu que ele estava predisposto a acolhê-la; tratou de pensar em coisas amenas. Surpreendeu-se com o efeito benéfico que isso lhe causou.

Jack Smith, dirigente de um instituto de massagens e banhos a vapor que era frequentado por muitas pessoas preeminentes, acredita na terapêutica da oração e costuma empregá-la. Tinha sido um grande jogador de boxe, depois chofer de caminhão e de táxi. Acabou abrindo um instituto de massagens e de banho a vapor. Declarou que, quando faz massagens no corpo de seus fregueses, não deixa também de lhes sondar o espírito e de dar-lhes conselhos.

— Não se pode fazer com que um homem tenha um corpo sadio enquanto ele não tiver um espírito são — declarou.

Certo dia, Walter Huston, o outro, sentou-se junto à escrivaninha de Jack Smith. Viu um grande letreiro na parede, em que se liam as seguintes letras escritas a lápis: A O A L A F P I D Q S C O R.

— Que significam aquelas letras? — perguntou Huston surpreso.

Smith sorriu e respondeu:

— Significam o seguinte: as orações afirmativas libertam as forças, por intermédio das quais se conseguem os resultados.

Huston tornou-se mais surpreso.

— Realmente — confessou —, nunca me passou pela cabeça que iria ouvir uma coisa semelhante num instituto de massagens e de banhos a vapor.

— Costumo usar desses métodos para despertar a curiosidade das pessoas, fazendo assim com que perguntem o que significam aquelas letras — explicou Smith, acrescentando —, isso me dá oportunidade de dizer-lhes que creio no fato de que as orações afirmativas sempre dão resultado.

Jack Smith, que ajuda os homens a manterem-se em boa forma física, acredita que a oração é tão importante, se não for mais ainda, quanto os exercícios, banhos a vapor e massagens. É uma parte vital do processo de libertar as forças.

Hoje em dia, as pessoas rezam mais do que antigamente porque acham que isso lhes aumenta a eficiência. A oração as auxilia a adquirir energias e a servir-se destas, o que não seria possível sem esse auxílio.

Um famoso psicólogo disse: "A oração é a maior força que o indivíduo tem à sua disposição para solver seus problemas pessoais. Sua força me surpreende de maneira extraordinária".

O poder da oração é a manifestação da energia. Assim como existe técnica científica para a liberação da energia atômica, existem também processos científicos para a liberação da energia espiritual por meio do mecanismo da oração. São evidentes as extraordinárias demonstrações dessa força criadora.

O poder da oração parece capaz até mesmo de normalizar o processo do envelhecimento, evitando ou limitando as enfermidades e o desgaste físico. Você não tem necessidade de perder sua energia básica ou sua força ou tornar-se fraco e negligente tão somente por causa dos anos que se vão acumulando. Não há necessidade de permitir que seu espírito se abata ou se torne estagnado ou deprimido. A oração pode dar-lhe novo frescor e nova vida todas as manhãs. Você poderá receber uma orientação para seus problemas se permitir que a oração penetre em seu subconsciente, que é a sede das forças que determinam as atitudes de fazer com que suas reações se mantenham corretas e sadias. Mergulhando-a profundamente em seu subconsciente, verá que ela o fará um novo homem. Ela liberta as forças, fazendo-as jorrar livremente.

Se você não tiver experimentado esse poder, talvez precise aprender novas técnicas com respeito à oração. Convém estudá-la sob o ponto de vista da eficiência. Geralmente a ênfase é inteiramente religiosa, se bem que não exista separação alguma entre os dois conceitos. A prática espiritual científica elimina processos estereotipados da mesma maneira que nas ciências gerais. Se você costuma rezar de certo modo, mesmo que isso lhe tenha trazido muitas bênçãos, o que sem dúvida traz, talvez possa fazer suas orações de modo ainda mais proveitoso, variando a fórmula e experimentando novas outras. Adquira novos conhecimentos e pratique novas técnicas para conseguir os maiores resultados.

É importante que saiba estar tratando com a maior força existente no mundo quando você está fazendo suas orações. Você não gostaria de usar uma lâmpada de querosene antiquada para iluminação. Deseja naturalmente o que há de mais moderno nesse setor. Constantemente, estão sendo descobertas por homens e mulheres de grande poder espiritual novas técnicas no domínio das orações. É aconselhável experimentar a força da oração segundo tais métodos, cujos resultados são benéficos. Se isso lhe parece novo e estranhamente científico, cumpre lembrar que o segredo da oração está em descobrir o processo que, de maneira mais eficaz, possa abrir o seu espírito para Deus. Qualquer método por meio do qual você possa fazer que o poder de Deus flua para o seu espírito é legítimo e proveitoso.

Um exemplo do uso científico da oração é a experiência de dois industriais famosos, cujos nomes seriam conhecidos de muitos leitores tivesse eu a permissão de revelá-los. Ambos estiveram em conferência sobre um negócio e uma questão de ordem técnica. Poder-se-ia pensar que eles abordariam tal problema numa base puramente técnica. De fato, foi o que fizeram. Mas fizeram também outra coisa mais: recorreram à oração. Como o resultado não foi muito satisfatório, chamaram um pregador da região, um velho amigo deles, porque, como explicaram, a fórmula da oração da

Bíblia diz: "Onde dois ou três se acharem reunidos em meu nome, ali estarei no meio deles" (Mateus 18:20). Fizeram também referência a outra fórmula, a qual diz: "Se dois entre vós se unirem na terra para pedir qualquer coisa, isso lhes será dado por meu Pai que está no céu" (Mateus 18:19).

Tendo sido educados na prática científica, eles creem que, no tratar a oração como fenômeno, devem seguir escrupulosamente as normas delineadas na Bíblia, que eles descreveram como o livro didático da ciência espiritual. O método apropriado de se empregar uma ciência é usar as fórmulas aceitas e que se acham expostas no livro dessa mesma ciência. Raciocinaram que, se a Bíblia prevê que dois ou três devem reunir-se, talvez a razão de não terem sido bem-sucedidos tivesse sido a falta de uma terceira pessoa.

Por conseguinte, os três homens rezaram e, a fim de evitarem qualquer engano no processo, tomaram em consideração, com relação ao problema, várias outras normas da Bíblia, como as que estão sugeridas nos seguintes versículos: "De acordo com a tua fé é que receberás" (Mateus 9:29). "Tudo que pedirdes ao rezar, crede que recebereis e vos será dado" (Marcos 11:24).

Após várias reuniões em que fizeram análises minuciosas e orações, os três homens afirmaram, em conjunto, que tinham recebido a resposta ao problema. O resultado foi inteiramente satisfatório. Os resultados subsequentes indicaram que tinham realmente obtido a orientação de Deus.

Esses homens são grandes cientistas, o bastante para não precisarem de explicações exatas sobre a atuação dessas leis espirituais, como não precisariam também no caso das leis naturais. Ficam satisfeitos com o fato de que aquelas leis funcionam realmente, quando se emprega uma técnica "adequada".

"Embora não saibamos explicá-lo", disseram, "o fato é que o problema nos confundira, e experimentamos a oração de conformidade com as fórmulas do Novo Testamento. O método surtiu efeito e obtivemos um belo resultado".

Acrescentaram que lhes pareceu que a fé e a harmonia são fatores importantes nesse processo da oração.

Um homem abriu um pequeno negócio na cidade de Nova York uns anos atrás. Esse seu primeiro estabelecimento era, como ele mesmo o caracterizou, "um buraquinho na parede". Tinha apenas um empregado. Anos depois passaram para uma sala maior e, em seguida, para instalações mais amplas. O negócio coroou-se de êxito.

O método de negócio desse homem, conforme ele o descreveu, consiste em "encher o buraquinho, na parede, de orações e pensamentos otimistas". Declarou que o trabalho persistente, pensamentos positivos, operações lícitas, bom tratamento aos fregueses e modo apropriado de fazer orações dão sempre resultado. Esse negociante, que tinha um espírito inventivo e extraordinário, elaborou sua própria fórmula, muito simples, para solver seus problemas e vencer suas dificuldades por meio da força da oração: "É uma fórmula curiosa, mas a tenho praticado e pessoalmente sei que surte efeito. Sugeri-a a muitas e muitas pessoas que também acharam o seu uso de real valor. Recomendo-a a você".

Eis a fórmula: (1) Oração, (2) Imaginação e (3) Realização.

Por "oração", meu amigo se referia a um sistema diário de orações criadoras. Quando surgia um problema, ele o analisava com Deus, fazendo suas orações de maneira simples e direta. Além disso, não conversava com Deus concebendo-o como uma sombra imensa e remota: concebia Deus como estando a seu lado, no escritório, em casa, na rua, no automóvel, sempre perto, como um sócio, como um companheiro muito íntimo. Levava a sério a injunção da Bíblia: "Reze sem cessar". Interpretava-a como significando que devia debater com Deus, de maneira natural e normal, as questões que tinham de ser resolvidas e tratadas. A Divindade passou finalmente a dominar-lhe o subconsciente. "Orava" todos os dias. E o fazia quando passeava ou andava de carro, ou quando exercia outras atividades cotidianas. Vivia sempre orando. Não se ajoelhava sempre para oferecer suas orações, mas costumava, por exemplo, perguntar a Deus como a um companheiro muito íntimo: "Que devo fazer sobre isso, Senhor?", ou "Lançai uma nova luz sobre este ponto, Senhor". Seu espírito estava embebido de orações e ele as aplicava em suas atividades.

O segundo ponto de uma fórmula de oração criadora é a "imaginação". O fator básico na física é a força. O fator básico na psicologia é o desejo realizável. O homem que pressupõe o êxito tende a possuí-lo. As pessoas que pressupõem o fracasso acabam fracassando. Quando se imagina o fracasso ou o êxito, um ou outro tende a tornar-se realidade em termos equivalentes ao que se imaginou.

Para assegurar que algo de valor aconteça, faça suas orações e experimente se aquilo que deseja está de acordo com a vontade de Deus; imagine depois firmemente que o seu desejo vai materializar-se. Continue a submeter à vontade de Deus o desejo que idealizou — isto é, ponha a questão nas mãos de Deus — e siga a orientação do Todo-Poderoso. Trabalhe árdua e inteligentemente, contribuindo assim com sua parte para a obtenção do êxito. Pratique a crença e continue a sustentar firmemente no pensamento o que imaginou. Faça-o e ficará surpreso com os caminhos estranhos pelos quais se materializará o seu desejo. É a "realização" daquilo que imaginou. Aquilo por que você orou e que imaginou se "realiza" de conformidade com o padrão de seu desejo quando subordinado ao auxílio de Deus e se, além disso, você se entregar inteiramente à sua realização.

Pratiquei pessoalmente esse método e o acho extraordinariamente eficaz. Foi sugerido a outras pessoas que, igualmente, informaram ter conseguido adquirir grande soma de energia criadora.

Por exemplo: uma senhora descobriu que o marido começara a mostrar-se-lhe indiferente. Havia sido um casamento feliz, mas aconteceu que a mulher mergulhou na vida social e o marido nos negócios. Antes que percebessem, deixou de existir entre ambos aquele doce afeto dos velhos tempos. Certo dia, ela descobriu que o esposo estava interessado em outra mulher. Perdeu a calma. Tornou-se histérica. Consultou o seu pastor, o qual, muito sutilmente, fez que a conversação girasse sobre ela mesma. Ela reconheceu que se tinha descuidado do lar e que se tinha tornado egoísta, ferina e irritadiça.

Confessou depois que nunca se sentira igual ao marido. Sentia-se profundamente inferior a ele e incapaz de igualar-se a ele social e intelectualmente. Refugiou-se então numa atitude antagonística que se manifestava pela petulância e críticas.

O pastor viu que a mulher tinha mais talento, capacidade e encanto do que estava revelando. Sugeriu-lhe que criasse uma imagem ou retrato de si mesma como muito capaz e atraente: muito espirituosamente lhe disse que Deus dirige "um instituto de beleza", acrescentando depois que as normas da fé poderiam embelezar o rosto de uma pessoa e dar encanto e graciosidade às suas maneiras. Ensinou-lhe como devia fazer suas orações e como "fazer aquele retrato" espiritualmente. Aconselhou-a também a manter sempre no espírito a ideia do restabelecimento daquela antiga afeição e camaradagem, a considerar sempre o esposo como uma criatura bondosa e a idealizar que a harmonia se havia restabelecido entre eles dois. Cumpria-lhe sustentar com fé esse quadro. O pastor preparou-a assim para a mais interessante vitória pessoal.

Mais ou menos nesse tempo, o marido a informou de que pretendia divorciar-se. Ela havia conseguido dominar-se, a ponto de poder receber com calma aquela notícia. Respondeu simplesmente que estava disposta a conceder-lhe o divórcio se ele o desejasse, mas sugeriu que se protelasse aquela decisão por noventa dias, alegando tratar-se de um passo muito sério e definitivo.

— Se, ao fim de noventa dias, ainda achar que deseja divorciar-se, concordarei com você.

Disse aquilo muito calmamente. O marido fitou-a admirado, pois esperava uma cena. Ele saía todas as noites. Ela ficava em casa e, na sua imaginação, idealizava-o sentado na sua antiga cadeira. O marido não se achava sentado na cadeira, mas a esposa pintava a sua imagem ali, muito acomodado, com todo conforto, lendo um jornal como nos velhos tempos. Idealizava-o fazendo uma coisa e outra na casa, como era costume nos bons tempos. Chegou mesmo a imaginá-lo enxugando a louça como nos primeiros dias de casamento. Revia, no espírito, o tempo em que jogavam golfe juntos e os belos passeios que faziam.

Manteve esse quadro com uma fé constante. Certa noite, ele se sentou na antiga cadeira. Ela lançou-lhe um olhar furtivo duas vezes para ter certeza de que o que via era mesmo a realidade. Mas talvez um quadro que se imagina venha a tornar-se realidade. De fato, ele ali estava em carne e osso; é verdade que uma ou outra noite se ausentava, mas com o decorrer dos dias foi ficando mais tempo em casa; sentava-se sempre na mesma cadeira. Começou depois a ler as notícias de um jornal para ela, como antigamente. Num sábado, à tarde, perguntou-lhe subitamente se não gostaria de jogar uma partida de golfe.

Os dias tinham decorrido agradavelmente e, naquele momento, ela percebeu que tinha chegado o nonagésimo dia.

— Bill, mas é hoje o nonagésimo dia — observou-lhe tranquilamente.

— Que quer dizer com isso? Que quer dizer com nonagésimo dia? — perguntou o marido, intrigado.

— Como? Não se lembra? Tínhamos concordado em esperar

noventa dias para resolvermos essa questão de divórcio, e hoje é o dia.

Ele a fitou por algum tempo e, escondendo depois o rosto atrás do jornal, disse-lhe:

— Não seja bobinha. Eu não poderia viver sem você. Que ideia foi essa de que eu iria deixá-la?

A fórmula provou ser um poderoso mecanismo. Conseguira realizar seus desejos com suas orações, com os quadros que idealizara em seu espírito. A força da oração resolveu o seu problema e o dele também.

Conheci inúmeras pessoas que foram coroadas de êxito com a prática desse método, tanto em suas questões pessoais como em seus problemas financeiros. Quando se aplica sincera e inteligentemente esse método de orações de extraordinária eficiência, os resultados são excelentes. As pessoas que o levam a sério e o empregam realmente obtêm resultados de fato surpreendentes.

Num banquete, por ocasião de uma convenção de industriais, achava-me sentado à mesa do orador, ao lado de um homem que, conquanto fosse um pouco rude de maneiras, não deixava de irradiar certa simpatia. Talvez ele se sentisse algo embaraçado por se encontrar junto a um pastor, uma figura que possivelmente não fazia parte do círculo de suas relações. Durante o banquete, disse algumas palavras teológicas, porém sem que as pudesse coordenar devidamente. Desculpava-se após cada citação. Num dado momento, falei-lhe que aquelas suas citações já me eram há muito conhecidas.

Informou-me que, quando menino, havia servido a uma igreja, mas "acabou fugindo dela". Contou-me aquela história antiga que costumo sempre ouvir e que, mesmo agora, muita gente, ao dizê-la, pensa ser inteiramente nova, a saber: "Quando eu era menino meu pai me obrigava a ir à escola dominical e a frequentar a igreja; fazia-me ingerir uma dose de religião todos os dias. Quando saí de casa, achei que devia dar paradeiro a tudo aquilo. Desde então raríssimas foram as vezes que fui à igreja".

Num dado momento, ele observou que "talvez devesse começar a frequentá-la, pois o peso dos anos já começava a fazer sentir-se". Respondi que ele se daria por muito feliz se conseguisse um lugar para se sentar na igreja. Isso o surpreendeu, pois "não julgava que houvesse muita frequência no templo, hoje em dia". Retruquei que a frequência de devotos aumentava de semana a semana, mais que em qualquer outra instituição, no país. Essa minha informação o deixou desconcertado.

Ele era chefe de uma pequena indústria. Falando de seu negócio, contou-me o quanto de dinheiro sua firma havia recebido no ano anterior. Comentando, disse-lhe que conhecia algumas igrejas cujas coletas ultrapassavam a quantia que ele citara. Isso o deixou pasmado. Notei que seu respeito pela igreja ia agora se acentuando de maneira extraordinária. Informei-o dos milhares de livros religiosos, cujas vendas ultrapassavam as de quaisquer outros.

"Talvez os senhores, homens de igreja, estejam fazendo um bom servicinho", observou ele, empregando uma expressão da gíria.

Naquele momento, outro senhor se aproximou de nossa mesa e, cheio de entusiasmo, contou-me que lhe tinha sucedido "uma coisa maravilhosa". Disse que tinha andado muito deprimido, pois as coisas não lhe tinham corrido bem. Resolvera então tirar uma semana de férias e, nesse período, leu um de meus livros, *A Guide to Confident Living**, Prentice Hall, Inc. 1948, no qual se acham traçadas normas práticas de fé e religião. Confessou-me que a leitura lhe proporcionou grande prazer e lhe trouxe grande paz para o espírito, tendo-o também estimulado a crer em suas próprias possibilidades. Acreditava que a resposta às suas dificuldades estava na religião.

"Por isso", prosseguiu, "comecei a praticar os princípios espirituais apresentados em seu livro. Comecei a crer e a afirmar que, com o auxílio de Deus, poderia atingir os objetivos com os quais sonhava. Tive a sensação de que tudo iria correr bem dali por diante e que não mais haveria de ficar atribulado. Era quase uma certeza. E o fato é que comecei a dormir melhor e a sentir-me também melhor. Era como se eu tivesse tomado um tônico. Minha nova compreensão e a prática daquelas normas espirituais foram o ponto de partida".

Quando ele nos deixou, meu companheiro, que havia escutado o que o outro dissera, virou-se para mim e falou: "É a primeira vez que ouço coisa semelhante. Aquele senhor falou sobre a religião como lhe tendo trazido, por assim dizer, a felicidade. Nunca me

---

* *Como confiar em Si e Viver Melhor*, publicado em português pela Editora Cultrix, 1958.

apresentaram desse modo. Ele dá também a impressão de ser a religião quase uma ciência; que se pode usá-la para melhorar a saúde e os negócios. Nunca a considerei sob esse aspecto". Acrescentou depois: "Mas quer saber o que me surpreendeu? Foi a expressão que lhe notei no rosto".

O fato curioso é que, ao fazer aquele comentário, o meu companheiro deixou transparecer em seu rosto aquela mesma expressão. Pela primeira vez percebi a ideia de que a fé religiosa não é algo de carolice, mas, sim, um processo científico para se viver feliz. Estava observando, ali mesmo, a função prática do poder da oração numa experiência pessoal.

Pessoalmente acredito que a oração transmita vibrações de uma pessoa a outra e a Deus. Tudo no universo é uma vibração constante. Há vibrações nas moléculas de uma mesa, no próprio ar. A oração entre seres humanos vibra também. Você, quando faz prece para alguém, está empregando uma força inerente ao universo espiritual. Você está transmitindo a esse alguém algo de amor, de auxílio, de apoio — uma forte e real compreensão — e, nesse processo, desperta vibrações no universo, através das quais Deus faz que se realizem os bons desejos. Experimente esse princípio e conhecerá os seus extraordinários resultados.

Por exemplo, tenho o hábito de rezar pelas pessoas que vejo à minha passagem; aliás, é uma coisa que faço sempre. Lembro-me de uma viagem que fiz de trem pela parte oeste de Virgínia, quando me ocorreu um pensamento curioso. Vi um homem na plataforma de uma estação. O trem pusera-se em movimento e aquela figura fora ficando para trás. Ocorreu-me que era aquela a primeira vez que a via e também a última. Sua vida e a minha como que se tocaram levemente apenas por uma fração de segundo. Aquele homem seguiria o seu caminho e eu o meu.

Fiz então prece por ele e pedi a Deus que sua vida fosse sempre coberta de bênçãos. Comecei depois a orar pelas outras pessoas que eu via desfilar à passagem do trem. Rezei por um homem que arava um campo e pedi ao Todo-Poderoso que o auxiliasse e lhe desse uma boa colheita. Vi uma mãe dependurando roupas num varal e todas aquelas peças como que me contavam ter ela uma família numerosa. Vislumbrei-lhe o rosto e a maneira com que prendia no varal as roupas das crianças; devia ser uma mulher feliz. Rezei para que tivesse uma vida cheia de felicidade e que o esposo lhe fosse sempre fiel e para que ela o fosse também para com ele. Rezei para que mantivesse sempre a família dentro do espírito da religião e para que os filhos crescessem fortes e se tornassem cidadãos honrados.

Numa estação, vi um homem encostado a uma parede dormindo. Rezei para que ele, ao despertar, fosse aquinhoado de felicidades.

Noutra parada do trem, avistei uma encantadora criança com uma perna das calças maior que a outra, a camisa aberta ao pescoço, usando um suéter muito grande; os cabelos estavam em desalinho e o rosto sujo. Ela chupava um picolé. Dediquei-lhe também uma oração. Ao pôr-se o trem em movimento, ela me olhou e deu-me um lindo sorriso. Sabia que minha oração a atingira espiritualmente; disse-lhe adeus com as mãos e ela respondeu acenando alegremente para mim. Até aquele ponto, o dia havia sido encoberto; subitamente o sol surgiu e o rosto da criança como que deixou transparecer a doce alegria de seu coração. Sentia-me feliz intimamente. Essa felicidade, sem dúvida, era por causa da força divina que se movia num círculo, através de mim; essa força se esparzia pela criança e voltava para Deus. Pairava sobre nós a magia extraordinária do poder da oração.

Uma das funções importantes da oração é o estímulo que ela dá às ideias, tornando-as criadoras. Há em nosso espírito todos os recursos de que precisamos para viver felizes. As ideias acham-se presentes em nosso subconsciente e, quando libertadas, podem conduzir-nos ao êxito de qualquer projeto, se devidamente amparadas. Quando o Novo Testamento diz "O reino de Deus está dentro de nós" (Lucas 17:21), está nos informando que Deus, nosso Criador, pôs em nosso espírito toda força e capacidade de que necessitamos para uma vida construtiva. Cumpre-nos arrancá-las de nós mesmos e desenvolvê-las.

Vou citar um exemplo. Tenho um amigo que se acha ligado a uma companhia, na qual é chefe de quatro pessoas que ocupam cargos administrativos. Em intervalos regulares esses homens costumam realizar o que chamam uma "sessão de ideias", cuja finalidade é extrair todas as ideias criadoras que, porventura, estejam incubadas no espírito de qualquer um dos quatro. Usam para essa sessão uma sala, na qual não se veem telefones, campainhas ou qualquer outro equipamento de escritório. A janela dupla é completamente isolada, de modo que os ruídos da rua ficam, em grande parte, eliminados.

Antes de começar a sessão, o grupo despende dez minutos em prece silenciosa e em meditação. Concebem Deus como intervindo de maneira criadora em seus espíritos. Cada um, a seu modo, faz uma oração afirmando que Deus está prestes a libertar de si as ideias que são necessárias para as suas operações comerciais.

Em seguida a esse período tranquilo, começam todos a conversar e a expor as ideias que lhes vieram ao espírito. Escrevem-nas em cartões, os quais ficam depois sobre a mesa. Não se permite crítica a nenhuma das ideias nessa sessão especial, pois uma discussão poderia fazer cessar o fluxo dos pensamentos criadores. Recolhem-se depois os cartões e cada um é considerado numa reunião posterior. É a sessão em que se extraem ideias estimuladas pela força da oração.

Quando inauguraram essa prática, uma alta porcentagem de ideias então sugeridas resultou ser de pouco valor, mas, à medida que foram prosseguindo com as sessões, o número de ideias boas foi aumentando. Muitas das melhores sugestões, que demonstraram mais tarde ser de grande valor prático, surgiram de tais reuniões.

Como explicou um dos elementos da administração: "Conseguimos resultados que aparecem em nossa folha de balanço e, além disso, adquirimos nova sensação de confiança. Mais ainda, existe um profundo sentimento de camaradagem entre nós quatro, sentimento esse que se espalha pelos demais membros da organização".

Em que situação fica o negociante antiquado que diz que a religião é coisa teórica, que não se coaduna com negócios? Hoje em dia, qualquer negociante competente e feliz em seus empreendimentos quer empregar os últimos métodos de eficiência comprovada para produção, distribuição e administração. Muitos estão descobrindo que um dos maiores de todos esses métodos é o do poder da oração.

Em toda parte, veem-se pessoas ativas que estão percebendo que, com a adoção da prece, estão sentindo-se em melhores condições físicas; trabalham, agem, dormem e passam melhor.

Meu amigo Grove Patterson, redator do jornal *Brale*, de Toledo, é um homem de extraordinário vigor. Ele diz que sua energia advém, em parte, pelo menos, de seu método de orações. Por exemplo, gosta de adormecer quando faz sua prece, pois crê que seu subconsciente descansa mais nessa ocasião. É no subconsciente que a nossa vida se encontra, em grande parte, governada. Se você deixar cair nele uma prece no momento em que está assim de repouso, ela produzirá um extraordinário efeito.

"Outrora eu ficava aborrecido quando adormecia em meio às minhas orações, mas agora procuro mesmo cultivar esse hábito", comentou o sr. Patterson sorrindo.

Tive conhecimento de muitos métodos de oração, mas um dos mais eficientes é o que Frank Laubach advoga em seu excelente livro *Prayer, the Mightiest Power in the World*. Considero-o um dos livros de oração mais práticos, pois traça novas normas de efeito comprovado. O dr. Laubach crê que a verdadeira força é gerada pela oração. Um de seus métodos é passear pelas ruas e "atirar" orações às pessoas que passam. A isso dá o nome de "orações-relâmpagos". Ele bombardeia de orações os transeuntes, enviando-lhes pensamentos eivados de amor e boa vontade. Diz que as pessoas que passam por ele, quando "atira" suas orações, muitas vezes se viram e lhe sorriem. Elas sentem a emanação de uma força semelhante à energia elétrica.

Quando no ônibus, o dr. Laubach costuma "atirar" orações aos passageiros. Uma vez ele estava sentado atrás de um senhor que parecia estar preocupadíssimo. Notara-lhe a carranca quando subira no veículo. Começou a enviar-lhe orações de boa vontade e fé, concebendo-as como envolvendo o indivíduo e penetrando-lhe no espírito. Subitamente o homem começou a afagar a parte de trás da cabeça. Quando saiu do ônibus, já não mostrava um rosto carrancudo; um sorriso cobria-lhe as feições. O dr. Laubach acredita ter muitas vezes modificado a atmosfera de um vagão ou um ônibus cheio de passageiros por esse processo de "sussurrar orações em torno de si".

Certa vez, num carro "pullman", um homem meio embriagado estava se tornando demasiado inconveniente com seu palavreado e grosserias. Percebi que caiu logo na antipatia do vagão. Resolvi experimentar o método de Frank Laubach. Comecei, pois, a rezar por ele; entrementes, procurava concebê-lo em sua melhor feição e, pelo pensamento, transmitia-lhe palavras de boa vontade. Passado algum tempo, sem que parecesse haver uma razão qualquer, o homem virou-se para minha direção, lançou-me um sorriso e, levantando a mão, fez um gesto de saudação. Mudou de atitude. Não falou mais uma palavra durante todo o trajeto. Tenho toda a razão para acreditar que minhas orações e pensamentos chegaram efetivamente até ele.

Antes de fazer minhas prédicas ou alocuções, seja onde for, costumo rezar pelas pessoas presentes e enviar-lhes, pelo pensamento, palavras de amor e de boa vontade. Às vezes, escolho para meu alvo uma ou duas pessoas que parecem estar deprimidas ou se mostrem mesmo antagonistas. A elas dirijo, então, os meus pensamentos e orações. Recentemente, ao fazer uma alocução na Câmara de Comércio de uma cidade do sudoeste, por ocasião de um jantar que nela se realizava anualmente, notei, na assistência, um homem que me olhava com o rosto carrancudo. Podia muito bem ser possível que sua expressão facial nada tivesse a ver comigo, mas o fato é que parecia bastante antagonístico. Antes de dar início à minha alocução rezei por ele e "atirei-lhe", pelo pensamento, uma série de palavras amigas e cheias de fé. Continuei a fazê-lo, mesmo no decorrer de meu discurso.

Finda a reunião, estava ainda recebendo cumprimentos das pessoas que me cercavam, quando subitamente vi minha mão fortemente sacudida, por quem senão aquele homem, e ele sorria largamente.

"Francamente, não gostei do senhor quando vim a esta reunião", disse ele. "Não gosto de pastores e não via razão para que o convidassem para falar durante o jantar de nossa Câmara de Comércio. Estava certo de que o senhor não se sairia bem no seu discurso. Acontece que, quando o senhor começou a falar, alguma coisa pareceu mexer aqui dentro de mim. Tenho a impressão de ser outro homem. Tive uma estranha sensação de paz — e para os diabos! fiquei gostando do senhor!"

Não foi a minha alocução que produziu aquele efeito, mas, sim, a emanação de força da oração. Temos em nosso cérebro um verdadeiro acumulador que transmite a força por meio de pensamentos e orações. A força magnética do corpo já foi comprovada. Temos milhares de pequeninas estações emissoras, as quais, ao serem ligadas pela oração, irradiam uma corrente poderosa, que passa pelos seres humanos. Podemos transmitir a força por meio de orações que agem como estações emissoras e receptoras.

Havia um homem, um alcoólatra, por quem eu estava interessado. Fazia seis meses mais ou menos que ele não bebia. Ele fizera uma viagem de negócios e, numa terça-feira, cerca das quatro horas da tarde, tive uma forte impressão de que ele se achava em dificuldade. Sua figura me dominava o pensamento. Senti alguma coisa arrastar-me. Deixei de lado minhas tarefas e pus-me a rezar por ele. Fi-lo durante meia hora. A impressão como que desapareceu e dei então por finda a minha prece.

Dias depois ele me telefonou:

— Estive toda a semana em Boston — declarou —, e quero que o senhor saiba que não pus uma gota de álcool na boca, se bem que tivesse passado por um mau bocado no princípio da semana.

— Isso foi terça-feira, às quatro horas da tarde? — indaguei.

— Sim, foi. Como é que soube? Quem lhe contou? — perguntou ele surpreso.

— Ninguém me contou, isto é, nenhuma pessoa me disse coisa alguma.

Descrevi a impressão que me assaltara o espírito naquela terça-feira, às quatro horas da tarde, e disse-lhe que tinha rezado meia hora por ele.

Percebi sua admiração ao explicar-me que, naquela ocasião, estava no hotel e se detivera no bar. Travara uma grande luta consigo mesmo para não beber. Pensara em mim e sentira necessidade de mim naquele momento, quando então começara a rezar.

Sua prece chegou até mim e eu comecei a rezar por ele. Assim, juntos, tínhamos completado o circuito. Nossas orações alcançaram Deus e o homem obteve sua resposta, adquirindo a força de que precisava para enfrentar aquela crise. E o que fez ele?

Dirigiu-se a uma confeitaria, comprou uma caixa de bombons e comeu tudo. Foi o que o salvou daquela situação — "orações e bombons".

Uma senhora, casada, ainda jovem, confessou-me que alimentava muito ódio, ciúmes e ressentimentos para com suas vizinhas e amigas. Vivia também muito apreensiva, sempre preocupada com os filhos, receando também que viessem a ficar doentes ou que sofressem um acidente ou que fracassassem no estudo. Sua vida era cheia de pesares, temores, ódios e infelicidades. Perguntei-lhe se rezava alguma vez. Respondeu que o fazia somente quando se sentia aflita, mas admitia que isso não lhe dava nenhum consolo, razão por que não fazia orações frequentemente.

Fiz-lhe ver que a prática de uma oração verdadeira poderia modificar-lhe a vida. Recomendei-lhe que somente desse guarida no espírito a pensamentos bons e animadores. Sugeri-lhe que, todos os dias, à hora de as crianças virem da escola, fizesse suas preces a Deus e lhe pedisse proteção. A princípio, ela não se mostrara muito confiante quanto ao resultado de minhas recomendações, mas acabou tornando-se uma das mais fervorosas adeptas dessa prática de oração. Lê avidamente livros e boletins religiosos e não deixa de observar as normas para a conquista dessa força inefável que temos em nós mesmos. Esse processo lhe renovou a vida, como se vê pela seguinte carta que me escreveu recentemente:

> Creio que meu marido e eu fizemos maravilhoso progresso nessas últimas semanas. O meu maior progresso data da noite em que o senhor me disse que 'todo dia é um dia bom para se rezar'. Comecei, então, a pôr em prática a ideia de me afirmar ser todo dia um bom dia para se fazer uma prece, o que faço assim que acordo de manhã. Posso dizer positivamente que não tive um dia ruim ou atribulado desde aquela ocasião. O fato extraordinário é que meus dias verdadeiramente não têm sido mais fáceis ou livres de um aborrecimento qualquer, mas acontece que tais dificuldades e aborrecimentos não têm mais o poder de atribular-me. Todas as noites, começo minhas orações fazendo uma lista de todas as coisas pelas quais sou grata, pequeninas coisas que me aconteceram durante o dia e que me proporcionaram felicidade. Sei que esse hábito fez com que o meu espírito se concentrasse apenas naquilo que só nos proporciona o bem. Não deixa de ser maravilhoso o fato de eu não ter tido, durante seis semanas, um único dia ruim e qualquer ressentimento contra quem quer que seja.

Ela descobriu uma força extraordinária no poder da oração.

Você poderá fazer o mesmo. Eis dez regras para conseguir, com a oração, ótimos resultados:

1. deixe seus afazeres por alguns minutos, todos os dias, para, nesse período, em silêncio, concentrar seus pensamentos em Deus. Isso fará que se torne espiritualmente receptivo;

2. faça depois sua prece, usando palavras simples, naturais. Conte a Deus tudo que lhe vai pelo pensamento. Não pense que deva empregar frases religiosas estereotipadas. Converse com Deus em sua própria linguagem. Ele o compreende;

3. reze quando for para o trabalho, no ônibus, no automóvel, e mesmo quando estiver sentado à sua escrivaninha. Recorra a pequeninas orações, fechando os olhos às coisas deste mundo e concentrando-se, por haver espaço de tempo, como se Deus estivesse presente. Quanto mais o fizer, todos os dias, tanto mais sentirá a Sua presença;

4. não faça sempre pedidos quando rezar; ao contrário, afirme que lhe estão sendo dadas as bênçãos de Deus e as agradeça;

5. reze com a crença de que as orações sinceras envolverão com o amor e a proteção de Deus todos aqueles que você ama;

6. não alimente pensamentos negativos em suas orações. Somente os pensamentos positivos é que dão resultado;

7. manifeste sempre sua aquiescência em aceitar as vontades de Deus. Peça o que quiser, mas esteja pronto a receber o que Deus lhe der. Talvez seja melhor do que aquilo que você pediu;

8. cultive sempre a atitude de pôr tudo nas mãos de Deus. Peça que lhe seja dada a capacidade de proceder sempre da melhor maneira e de deixar confiantemente a solução nas mãos de Deus;

9. reze pelas pessoas com as quais não simpatiza e que o tenham tratado mal. O ressentimento é a barreira número um da força espiritual;

10. faça uma lista das pessoas por quem deva rezar. Quanto mais preces fizer por outras pessoas, especialmente por aquelas com quem não tenha relações, tanto mais resultados haverá de receber das orações.

A ARTE DE CURAR
PELO ESPÍRITO
Autor: Joel S. Goldsmith
Formato: bolso: 11,5 x 18 cm
202 páginas
Editora Martin Claret
São Paulo
(Ver p. 121)

Deus é nosso Destino

JOEL S. GOLDSMITH

O espírito atua sem cessar, atraindo a nós o que é nosso, seja isso o que for, tanto no plano das relações humanas como no dos negócios.

Há uma atuação invisível, que nos leva à nossa profissão idônea, para um casamento adequado, para a cidade que nos convém, ou para um povo convenientemente. Dia a dia, o Pai nos designa o trabalho diário, e com esse trabalho vem remuneração adequada.

Muitos de nós, provavelmente, concordariam em admitir que a maior parte dos problemas que nos preocupam tem que ver com descontentamento quanto ao passado ou temores no tocante ao futuro. Por via de regra, no momento presente vamos bem. Se pudéssemos continuar a viver neste momento, satisfeitos com a certeza de que o poder de Deus está em ação e dispostos a deixá-lo agir daqui por diante, nada nos preocuparia no passado e bem poucos cuidados nos daria o futuro. De um ou outro modo saberíamos o que fazer, dia a dia, e às vezes o saberíamos até algumas semanas antes. Tenho feito a experiência que raras vezes Deus revela com muita antecedência os propósitos que tem a meu respeito.

Quando atingimos um estágio evolutivo em nossa experiência, onde nos dedicamos totalmente ao trabalho construtivo que de momento realizamos, verificamos que a nossa subsistência material coincide com esse trabalho; quando descobrimos em nosso trabalho algo que equivale a um serviço a ser prestado, então o nosso trabalho nunca mais nos parecerá um fardo, e qualquer fracasso é impossível.

Dia por dia, vivemos com o objetivo de ganhar dinheiro para o nosso sustento, às vezes com sucesso, às vezes com insucesso; não é possível prever o resultado final. Mas, quando encontramos uma ocupação à qual nos possamos devotar de corpo e alma e com a qual possamos prestar algum serviço, por mais modesto que esse seja no princípio, então iniciamos a ascensão a um trabalho de caráter superior.

Quando a nossa consciência está saturada de um senso de serviço e cooperação, então a nossa atividade, seja ela qual for, passará a expressar esse serviço e essa cooperação em nosso consciente, e se transformará numa atividade em incessante expansão e desenvolvimento.

O Infinito, que é Deus, é também o Infinito do meu ser. Não que o meu ego humano seja o Infinito, mas é porque há somente um Infinito, que é Deus, e, sendo Deus o meu Eu individual, o meu ser individual abrange o Infinito. E nesse Infinito tudo está contido. Nada pode ser acrescentado ao meu Eu divino, e nada pode ser tirado dele.

Que poderia impedir-te de experimentares esse Infinito? Somente a tentativa de ganhar alguma coisa, de desejar algo ou a crença de que algo me pertença ou que eu possa merecer alguma coisa.

Fecha os olhos, enche-te totalmente de Deus, e então, como espectador, contempla as coisas grandiosas que Deus está fazendo através de ti, embora nem sempre de acordo com a tua expectativa, nem sempre no tempo preciso que tu esperavas. Há uma realização espiritual para todo o filho de Deus, e tu és esse filho de Deus, se é que o espírito de Deus habita em ti.

Quando alguém tenta atingir determinado escopo, por exemplo, uma oportunidade para iniciar certa profissão, ou para passar de um para outro modo de vida, então se move ele no plano das ocorrências humanas, em vez de se abrir à vida da graça divina. Possivelmente, a graça divina lhe providencie outro caminho, de maneira que ele deixe de estar preso à antiga rotina da vida e se eleve a um novo nível de atividade até então nem sequer sonhada.

Desejar algo ou alguém significa permanecer preso à cadeia da rotina habitual da existência humana. O que realmente deveríamos desejar e o que podemos legitimamente realizar é uma experiência mais intensa do Cristo. Se conscientizássemos a presença de Deus, seríamos possuidores de um Bem inesgotável; mas quando tentamos realizar algo que não seja a presença de Deus, não encontramos senão limitações — e é isso mesmo que vamos conseguir. Mas, se alguém vive de acordo com os princípios do caminho da realização rumo ao Infinito, então compreenderá a natureza infinita da vida. E então deixa o homem de estar sob o poder da lei, mas vive na luz da graça — uma vida sem limites.

Quando, pela primeira vez, falei aos ouvintes de um centro metafísico, veio ter comigo uma senhora com uma lista de nove coisas que ela desejava alcançar, e pediu-me que orasse para que as alcançasse. Devolvi-lhe logo a lista, dizendo: "Sinto muito não poder orar para que a senhora alcance essas coisas; nem mesmo estou interessado em que a senhora alcance". Ela ficou muito surpresa, porque julgava que o escopo da verdade consistia em obter tais coisas; achava que Deus era algo que pudesse ser utilizado pelo homem.

A finalidade da autorrealização é a realização da Cristo-consciência no homem, que é graça divina, a qual nulifica toda a lei do carma. Há uma lei cármica que condena o homem a comer o seu pão no suor do seu rosto, como punição de atos pretéritos. Enquanto o homem trabalha unicamente com o fim de ganhar o seu sustento, está ele, indubitavelmente, sob o poder da lei do carma. Se agora compreendes o que quero dizer com estas palavras, e resolves não mais trabalhar para o teu sustento, nem por isso deixarás de trabalhar: o que fazes é quebrar a lei cármica, de causa e efeito, e com isso descobrirás que, daqui por diante, não mais terás de trabalhar com o fim de poderes viver.

Quando digo essas coisas, muitas vezes há quem me replique: como afirmas tal coisa, quando tu mesmo trabalhas para ganhar o teu sustento? Posso garantir aos interessados que isso não é verdade, e deixou de ser verdade desde o ano de 1928. Eu não trabalho para viver, trabalho para a alegria que o trabalho me dá. Será que alguém trabalha vinte horas por dia, como eu, somente para poder viver? Não! Eu realizo o meu trabalho porque essa é a missão que me foi dada pela graça divina, e os meios da vida são o natural corolário desse trabalho.

Não me descompreenda o leitor: eu não afirmo que o homem não deve trabalhar; afirmo que ele não deve trabalhar por causa do seu sustento. Há nisso uma grande diferença. Quanto mais o homem se aproxima da vida pela graça, tanto mais trabalha e tanto mais intensamente realizará os seus trabalhos. Mas, nesse caso, o trabalho não visa ao sustento, mas se inspira na alegria que o próprio trabalho proporciona. E os meios de vida serão a natural consequência, vindos de acréscimo. É possível que os meios de subsistência venham, inesperadamente, de uma outra fonte, acabando por libertar o homem totalmente da necessidade de trabalhar e facultando-lhe assim outra atividade. Em qualquer hipótese, seja qual for a fonte de subsistência, ela fluirá sempre da única *Fonte*.

No plano do homem-ego está cada um sob a lei cármica: "O homem colherá aquilo que semeou". Mas todo homem pode quebrar essa lei, pelo conhecimento de que nem só de pão vive o homem: ele vive pela graça, por todo o verbo de Deus.

Se alguém for chamado para ajudar num caso de desemprego, o tratamento a dar consistirá provavelmente em conscientizar que, sendo Deus a Realidade Infinita, e a única Realidade, ele é tanto empregador como empregado. Com outras palavras, Deus é Único, e, não sendo dois, não pode haver tal coisa como se um desse o serviço e o outro o recebesse. Há somente unidade, unidade do Ser, e Deus é o único Ser. Deus trabalha sempre, eternamente. Deus realiza sempre a sua obra, e o filho de Deus não pode deixar de estar sempre realizando a obra de seu Pai.

Lembra-te dele em todos os teus caminhos, e ele te guiará no caminho certo. Isso pode ser simples, quando o homem é cumulado de todos os favores e bens da vida; mas, quando eles nos são aparentemente negados, será que ainda somos capazes de dizer: "Pai, eu te agradeço, porque também isso deve fazer parte da tua obra"? É necessário que reconheças que Deus está em todos os teus caminhos, e não somente em alguns deles. Humanamente considerando, há tempos que parecem de insucesso. Agradece a Deus também por estes, uma vez que pelo conhecimento de Deus, também o insucesso pode levar a um bem superior. O fracasso pode resultar em benefício, se tiveres visão suficiente para não permaneceres no trilho a que te levou o insucesso temporário, mas passares para outro trabalho. Reconhece Deus em todos os teus caminhos, quer pareçam sucesso, quer insucesso!

Renuncia, uma vez para sempre, à crença de que possa haver sucesso ou insucesso. Nunca terás sucesso — mas também nunca terás insucesso. Testificarás por toda a eternidade a obra de tuas mãos; tu serás eternamente aquele lugar na consciência pelo qual Deus transparece. A glória do teu ser não é tua, é a glória de Deus, que é do teu ser. Por essa razão disseram todos os grandes mestres da humanidade que a humildade é o princípio da sabedoria. Mas a humildade nada tem que ver com depreciação de si mesmo. Humildade é a compreensão de que Deus é tudo. Humildade não é desprezo de si mesmo, pelo contrário, ela é a compreensão de si mesmo como aquilo através do que se revela plenamente a glória de Deus. A luz de Deus é tua luz, a sabedoria de Deus é tua sabedoria, o amor de Deus é teu amor.

Graças te dou, meu Pai, porque sou instrumento do teu Ser. Não possuo sabedoria como própria minha; não tenho idade, não tenho corpo, não tenho alma própria, nem tenho bondade própria minha. Só existe um único bem, uma vida única — o Pai nos céus — e eu sou aquele lugar através do qual transparece a plenitude da glória da Divindade.

Não é o teu conhecimento nem a tua habilidade que podem jamais ajudar a alguém: é o conhecimento e a habilidade de Deus, para os quais tu te fazes um canal idôneo, assim como o compositor permite às melodias que se sirvam dele como canal. Será que o compositor é o autor da música? Será que o poeta é o criador da poesia? Será que o artista é o criador da pintura ou da escultura? Não! Todo artista criativo nada mais é senão o caminho ou canal pelo qual o poder criador da Divindade se manifesta. Ele é o instrumento, o pincel, o cinzel, o martelo na mão de Deus. É só isso e nada mais que um pintor é; é só isso que um poeta ou um escultor é — é só isso que tu e eu somos e nada mais.

Nós somos as ferramentas que Deus usa. Nós somos os veículos, os utensílios de que o Pai se serve para revelar a sua glória e as obras do seu poder. Quanto mais sadios e felizes formos, quanto mais prósperos formos, tanto melhores testemunhas seremos.

Testemunhas de quê? Da nossa inteligência? Não, testemunhas da graça de Deus, que flui através de nós — da graça de Deus! Deveras, é ela a fonte de todas as coisas. Nós somos os recipientes, as testemunhas da graça de Deus, e nós a compartilhamos uns com os outros. Ela não pertence a mim, e ela não pertence a ti. É a graça do Pai — a graça divina, que flui através de nós.

Se visássemos a orientação espiritual em todas as nossas atividades, sem a tendência de as relacionar ao plano humano, sentir-nos-íamos espiritualmente tão repletos e tão iluminados que essa iluminação não somente nos revelaria a verdadeira doutrina espiritual, mas também se manifestaria em coisas tão mundanas como a de acertarmos na escolha do vestido, do carro e da habitação mais conveniente. À luz da bitola divina, não há nenhuma diferença entre essas coisas.

Deus é plenificação total. A iluminação espiritual não nos acontece sem trazer consigo a verdadeira profissão ou um lar conveniente. Deus não pode ser dividido. Deus é indivisível. A atuação de Deus não inclui isto e exclui aquilo. Deus não poderia revelar-se a ti na forma de uma determinada ocupação e deixar-te sem os respectivos meios de subsistência — nem poderia, por outro lado, providenciar o teu suprimento e não dar-te uma ocupação condigna.

Parece muitas vezes que essas coisas não acontecem simultaneamente, mas assim parece pelo fato de nós não termos orado às direitas. É porque fizemos uma oração dividida; é porque oramos para receber *coisas*, ou porque oramos com a tendência de que o espírito se manifeste de certo modo, em vez de pedirmos unicamente que Deus se revele em nós como luz, como a plenitude da luz, como a verdade em toda a sua plenitude. A vestimenta de Deus é inteiriça, completa e perfeita. Quando Deus põe o seu manto sobre os teus ombros, inclui ele todo o teu ser.

Não te dirijas a Deus com o desejo de ser curado; não vás ter com Deus esperando emprego; não vás ter com Deus na expectativa de receber segurança e proteção; vai ter com Deus esperando Deus. Vai ter com Deus na esperança de receber a experiência espiritual da sua presença. E verás como então Deus se manifesta em forma de harmonia nos acontecimentos, nas coisas ordinárias de cada dia — até em coisas como a de encontrares um lugar para estacionar o carro, ou de conseguires uma passagem de avião ou um lugarzinho num hotel superlotado.

Encontrarás perfeição tanto nas coisinhas de cada dia como também nas tuas experiências mais profundas — se encontrares o Pai em espírito e como espírito. Não tentes dividir a vestimenta. Não ores para ter saúde ou riqueza, nem segurança nem proteção, nem paz aqui na Terra. Ora unicamente para que Deus se revele como a verdade. Ora para teres luz, verdade, iluminação; ora para teres mais sabedoria. Procura a vestimenta integral — verdade, luz, revelação, iluminação. Adora Deus como espírito, e permite que seu manto te cubra com toda a sua inteireza, revelando-se como suprimento, como habitação, como relações harmoniosas, como atividade satisfatória.

Uma nova concepção de suprimento

O suprimento dos bens da vida é uma das coisas mais simples que um principiante no caminho espiritual pode realizar. Vigora, todavia, grande diferença entre a verdade espiritual que subjaz ao suprimento e a concepção humana desse suprimento. Em sentido espiritual, ser suprido dos bens da vida não quer dizer receber algo, mas sim *dar* algo. Segundo o conceito humano, é bem o contrário. Mas, no plano espiritual, não existe nenhum caminho para realizar o suprimento como tal: tal processo seria impossível, uma vez que todos os bens do céu e da terra já estão dentro de ti, neste momento, razão por que toda e qualquer tentativa de receberes de fora o suprimento desses bens significa necessariamente um fracasso. Não existe nenhum processo de subsistência fora do teu ser. Se quiseres fruir a plenitude daquilo de que necessitas para tua vivência, tens de abrir um caminho pelo qual essa plenitude possa fluir e se manifestar.

O modo de libertares essa plenitude interna e a pores ao serviço da tua vida, isso te será revelado por tua íntima comunhão com Deus.

Se alguém te pede para ajudá-lo a tomar atitude correta em face desse processo de suprimento, e espera diretrizes de ti, é necessário que lhe esclareças do seguinte modo o princípio de possuir os bens da vida: “Naturalmente, estou disposto a ajudar-te, entretanto, tu mesmo podes, desde já, começar a adquirir essa consciência do suprimento, procurando descobrir alguma coisa que possas dar a alguém a quem nunca deste nada até agora; esse alguém não deve ser nenhuma pessoa da tua família, que, certamente, costuma receber, mas, sim, uma pessoa alheia à tua família, possivelmente até hostil a ti. Procura no teu guarda-roupa ou na tua despensa algo de que não tenhas necessidade. Começa com a corrente do *dar* — e abrirás a represa à corrente do *receber*". O teu conhecimento da verdade sobre a onipresença e infinita abundância do suprimento libertará o teu paciente da crença em pobreza e limitações; e, se ele começar a mudar a sua atitude de *querer-receber* numa atitude de *querer-dar*, então os bens da vida principiarão a fluir rumo a ele. Não há limite algum nesse desejo de dar. Esse dar nada tem que ver com quantidades — dinheiro, etc. —, esse dar se refere à intensidade da doação por parte do doador. Trata-se de compreender que o processo de suprimento consiste numa atitude de distribuir, e não de ganhar.

Essa disposição de datividade não precisa começar, necessariamente, com a doação de objetos materiais, dinheiro e coisas análogas; não é, de preferência, *dar* algo. Pode começar também com a *renúncia* a algo; por exemplo, com a renúncia ou desistência de rancores, de ciúmes ou ressentimentos; pode consistir também no fato de não quereres reconhecimento, recompensa, gratidão, auxílio. Juntamente com essa renúncia virá a doação de paciência, colaboração, amor. Dá sempre, na certeza de que o teu suprimento não está naquilo que recebes, mas, sim, naquilo que dás.

É possível que tenhas estado muito apegado ao dinheiro. Nesse caso, deves aprender a soltá-lo, abrindo mão dele, pondo em movimento a corrente, a qual voltará a ti inevitavelmente. Não quer isso dizer que devas lançar fora, prodigamente, o teu dinheiro ou outras coisas boas. De ninguém se requer mais do que aquilo que o bom senso e a prudência aconselham. O que se requer é uma radical mudança de atitude, uma prontidão permanente que, no momento dado, nos permita começar a dar, quer se trate de um tostão, quer de um milhão — o principal é que as coisas entrem em circulação.

Isso, aliás, não é nenhum pensamento novo; a Sagrada Escritura nos ensina isso mesmo sob a designação de *dízimo*, quer dizer, a destinação de 10% da nossa renda para a causa de Deus. Muitas pessoas vivem na convicção de não poderem dispensar essa importância, que significaria excessivo ônus para sua bolsa, e é mesmo possível que a prática do dízimo tenha, para eles, efeito catastrófico, no princípio. Para esses, seria mais avisado que principiassem com uma importância menor — digamos 5%, 3% ou 2%, ou outra importância, contanto que uma importância determinada seja posta de parte, importância que preceda todas as demais despesas e se destine a um fim impessoal, não em prol da família nem de algo que redunde em benefício de nós mesmos; é necessário que o dízimo se destine a um fim inteiramente impessoal.

Muitos pensam que o dízimo se deve deduzir da importância que sobrar depois que foram pagas todas as demais despesas; porém o segredo do dízimo está precisamente em não deduzir do que sobra, mas em entregar a Deus as "primícias", e isso possivelmente, às ocultas, para que apenas o próprio doador saiba do fato.

Depois de verificar como é fácil dar 2% ou 3% da sua renda, poderá o doador majorar a importância, passando para 4% ou 5%, até finalmente atingir os 10%. E é interessante verificar que, raras vezes, o dizimista para na casa dos dez. Conheci três pessoas que davam 80% da sua renda, e, estranhamente, nunca lhes faltou nada para as necessidades da vida, gastando mais do que poderiam ganhar se vivessem prodigamente.

Torno a insistir nesse aspecto importantíssimo do princípio do suprimento: suprimento não consiste em *receber* — suprimento é *dar*. O pão que jogas à água é o pão que volta a ti. Não é o pão de teu próximo, é teu pão próprio; e, se não o lançares sobre as águas, nenhum pão poderá voltar a ti. Todo pão que jogares à água está marcado com o sinete do retorno; terá de voltar infalivelmente para aquele que o distribuiu.

De um ou outro modo, deve o homem lançar o seu pão sobre as águas. Quem não aprendeu o modo como fazer isso, deve aprender quanto antes essa primeira e grande lição. Em razão do caráter finito do seu ser, não pode o homem adquirir saúde, prosperidade, riquezas e amigos; o único que ele pode fazer é reconhecer que o homem manifesta em forma individual tudo que Deus é e tem de um modo universal. Não procuremos, pois, alcançar, reter ou atrair a nós os bens da vida; temos de aprender a deixar fluir de dentro de nós a infinita abundância que em nós está. O retorno do pão é um movimento retroativo, que acontece por si mesmo, assim como uma bola de borracha volta àquele que a jogou contra a parede. Nós lançamos a bola, mas ela volta a nós por impulso próprio.

Quando lançamos o nosso pão às águas, verificamos como a graça de Deus começa a irradiar, assumindo a forma de harmonia do nosso próprio ser. Quem deixa de observar este ponto da doutrina espiritual, ou quem o considera de somenos importância, acabará, provavelmente, por falhar no caminho certo; enquanto o homem vive preso à crença de poder alcançar alguma coisa — mesmo de um Deus de fora — está separado da fonte do seu verdadeiro bem. No momento em que se torna capaz de compreender que todas as coisas boas estão no aqui e no agora do seu verdadeiro Ser, começa ele a enxergar o mundo através da jubilosa experiência do Eu-Sou, e diz consigo mesmo:

Eu te agradeço, meu Pai — não tenho desejo algum! Não necessito de nada senão da tua graça. Não necessito de ninguém senão somente de ti. Faze que eu viva cada minuto assim como vivo neste instante: no amor do mundo inteiro e no amor de todos os seres humanos. Não tenho rancor a ninguém. Ninguém pode entrar no âmbito da minha consciência a quem eu deva perdoar, porque já o perdoei sete vezes, setenta vezes.

Outro aspecto, não menos importante, do princípio do suprimento é o fato de ser o suprimento algo essencialmente *invisível*. Não se pode ver, ouvir, tanger, saborear ou cheirar o suprimento. Nunca ninguém percebeu suprimento, uma vez que ele não existe na zona da perceptibilidade física. Suprimento é *espírito* e *vida*, absolutamente invisível em sua íntima essência.

Hoje em dia, o suprimento não é menos abundante do que foi no tempo de Jesus, de Moisés, de Elias, de Eliseu. Todos eles viviam na consciência de que possuíam em si a infinita abundância, e disso deram testemunho. A mesma abundância infinita está em mim, ao meu dispor, nenhum centavo a menos. Mas, enquanto o homem não compreende que o Deus Infinito é a Realidade do ser finito em cada indivíduo, não pode ele compreender a natureza inesgotável de cada ser, e tentará sempre, de novo, arranjar os bens da vida e sua segurança de fora de si mesmo, por meio de dinheiro e de outros valores.

A crença de que dinheiro e propriedade representam suprimento e segurança já vigora por tantos anos que a maior parte dos homens confia nessas coisas; e se, por algum tempo ou em virtude de poderes superiores, os milhões e bilhões se dissolverem no mundo inteiro, em razão da inflação ou desvalorização, então acabou o mundo para esses homens. Quem trilha o caminho da sabedoria espiritual deve chegar à compreensão final de que não existe suprimento algum fora do nosso próprio ser, que suprimento é algo que não se pode perceber pelos sentidos físicos. Suprimento é o Infinito, o invisível.

Suprimento é algo dentro do nosso próprio ser — e a verdade é que Deus é o nosso ser. Quando alcançamos Deus como o nosso ser, então nada mais temos de fazer senão reconhecê-lo realmente como tal. Quem tem Deus tem suprimento. Mas o problema central está precisamente nisto: será que temos Deus? Em teoria e na realidade, todo homem tem Deus — mas nem todos têm a consciência de terem Deus. Se todos tivessem Deus conscientemente, não haveria no mundo essa penúria e falta dos bens da vida. De fato, os homens possuem a Deus apenas como simples possibilidade. Ter Deus na verdade é tê-lo com plena consciência, ser conscientemente unido a ele, viver conscientemente em comunhão com Deus, reconhecê-lo conscientemente como o nosso eu interior, como a nossa íntima realidade.

Moisés tinha Deus desse modo, e por isso caía maná para ele. Elias tinha Deus conscientemente e por isso era alimentado no deserto por um corvo, acordava de manhã e encontrava refeição pronta sobre as pedras. Donde vinha esse alimento? Do nada — do nada daquilo que era visível e tangível. Essas coisas lhe vinham de dentro da sua teoconsciência, vinham de Deus, que aparecia visivelmente em forma de vida, substância e alimento. Esses homens, tendo Deus, tinham tudo.

Os homens do mundo se comprazem em locuções como estas: "Deus providenciará, se Deus quiser", "Deus o fará" — e, no entanto, Deus nada faz. Quem tudo faz acontecer é tão somente a nossa relação consciente com Deus. Finalmente, o homem tem de chegar a esta compreensão: que ele tem tudo se tem Deus conscientemente, e não tem nada se não possui Deus desse modo, embora pareça possuir muitas coisas. Nada falta, nada é negado àquele que chegou à conscientização de Deus.

Não há dúvida, dirá alguém, isso soa muito bem no papel — mas de que modo chegarei a essa consciência do suprimento, que sem cessar se esquiva de mim?

Voltemos ao nosso ponto de partida. Sendo Deus infinito, nada existe realmente senão só Deus. Logo, não há outro suprimento senão Deus, a única realidade. Se tens a consciência da onipresença de Deus; se Deus te é mais próximo, em sua onipresença, do que o teu próprio fôlego, então fazes jus a uma plenitude sem limites. Esse jus não é algo irrazoável, porque o que afirmamos é a presença de Deus em tua íntima consciência, Deus, a infinita riqueza e plenitude.

Verdade é que não é fácil para ninguém libertar-se de todas as preocupações, quando não sabe de onde tirar o dinheiro para o aluguel no fim do mês, para luz e telefone, ou mesmo para a próxima refeição. Não é nada fácil traduzir na prática o ensinamento do Mestre: "Não andeis solícitos pela vossa vida, o que haveis de comer, o que haveis de beber, com que vos haveis de vestir" — e, contudo, um dos passos mais importantes no desenvolvimento da consciência de suprimento consiste em nos libertarmos de toda e qualquer preocupação e inquietude, uma vez que as formas externas do bem espiritual são apenas corolários e simples aditamentos. Com outras palavras, a tua prosperidade externa não passa de mero símbolo externo da onipresença do teu suprimento interno.

Quando o homem deixa de criar dentro de si essa atitude certa para o suprimento, então também não terá no bolso os símbolos desse suprimento. Em primeiro lugar, deve estar presente a consciência disso, e depois seguirão os símbolos externos. Quando vivemos na permanente consciência da presença de Deus, onde quer que estejamos; quando reconhecemos que "o lugar onde estamos é terra sagrada"; quando sabemos que "meu filho, tudo que é meu é teu" — então não tardarão a aparecer os símbolos externos dessa consciência interna, à medida que deles houvermos mister. Esses símbolos podem variar, de dia para dia; por vezes assumem a forma de dinheiro; em outra ocasião aparecem como uma promoção, como um emprego, como uma hospedagem num hotel; ou assumem a forma de alimento, de roupa, etc. Seja o que for, o certo é que aparecerão, quando necessários, porque são símbolos e expressão externa de uma consciência interna.

Repetimos, o suprimento nunca pode ser percebido pelos sentidos. Suprimento é Deus, suprimento é espírito, suprimento é a presença do Senhor contigo, suprimento é uma força vital que atua através de ti.

Quem é dotado de receptividade espiritual não necessita de outro testemunho dessa verdade senão o aspecto de uma árvore frutífera durante o inverno, quando está sem fruto nem ainda brotaram as flores. Será que vais derrubar a árvore por infrutífera? Por que não a derrubas? Não é alvo de nenhum cuidado, nenhuma solicitude externa é verificável. Segundo todas as aparências, essa árvore morreu. Entretanto, tu sabes que não é assim; sabes que há na árvore uma força vital, que atua através dela, uma vitalidade que gera a seiva, que ascende pelo tronco, se difunde nos ramos, depois se revela como flores e, finalmente, aparece em forma de frutos. Não te iludes com as aparências, considerando a árvore estéril e inútil, que não possua reserva vital para frutos.

Por que não aplicaríamos esse mesmo princípio à nossa vida e oportunidades, a despeito da ausência de um suprimento visível, em dado momento? Se viesse um furacão e arrasasse tudo, nem por isso deixaríamos de estar em "terra sagrada", porque "a terra é do Senhor com tudo quanto ela contém"; continuaria a existir o Eu-Sou, essa força vital invisível, infinita, toda amor, que nunca deixaria de atuar em nossa consciência. Mais um pouco de paciência, e as flores e os frutos reaparecerão — em forma de dinheiro ou quaisquer outras oportunidades na nossa vida.

A única coisa que para isso se requer é o reconhecimento da verdade.

Creiamos ou não creiamos, o certo é que há uma força vital que atua de dentro, assim como atua dentro da árvore. Mas, perguntará alguém, por que essa força não se manifestou ainda? Por que essa interminável luta que mantenho com o eterno problema da pobreza?

Será, porventura, que a tua consciência não está ainda afinada pela *Realidade Invisível*? Será que ainda te guias pelas coisas visíveis? Será que sempre tentaste, e continuas a tentar, haurir a tua subsistência do mundo das coisas visíveis — pão e peixe não podem ser multiplicados por nenhum processo conhecido no mundo das coisas visíveis, tampouco podes multiplicar notas de dinheiro. Se alguém tentasse multiplicar cédulas de dinheiro, dentro em breve estaria na cadeia. Quem deseja ter mais dinheiro deve proceder à sua multiplicação na zona do mundo invisível. Como realizar isso? Reconhece e conscientiza que Deus é infinito, e também o teu suprimento é infinito como o próprio Deus.

E o que dizer daqueles que deixam os seus frutos na árvore e não os colhem?

Não tardarão a verificar que a árvore pode definhar e deixar de produzir frutos: somente quando se colhem os frutos das árvores e se apanham as flores dos arbustos é que a força principia o seu processo de multiplicação, brotando com duplicada vitalidade.

O teu suprimento se tornará visível somente à medida que amares a teu semelhante — distribui amor, distribui perdão, oferece colaboração — *mas dá sempre sem jamais receber recompensa*! Somente um materialista crasso dá para receber em retribuição. A verdadeira Luz espiritual distribui da plenitude de um coração repleto de dedicação, sem pensar em correspondência. Prêmio — para quê? Deus é o nosso prêmio!

Compreender isso significa compreender uma das bases mais importantes da cura, à luz da autorrealização. O estado da tua consciência em face da verdade é que determina o teu suprimento — não algum Deus, não algum Cristo, não algum Espírito que habite algures! Decisiva é tão somente a tua consciência, o *grau da tua conscientização altamente desenvolvida*.

Bem poucos homens vêm ao mundo com a consciência da verdade plenamente amadurecida. Via de regra, é resultado de uma evolução paulatina. A consciência dos pescadores que se tornaram discípulos de Cristo passou por uma lenta evolução. A consciência de Saulo de Tarso desenvolveu-se na consciência do apóstolo Paulo. Santo Agostinho, quando jovem, estava bem longe de ser um luzeiro espiritual, mas também ele passou para um estado de consciência desenvolvida.

O segredo está no fato de ser a fonte do suprimento a própria consciência sobre Deus como sendo esse suprimento — quer dizer, é o nosso próprio estado de consciência em estado de elevada evolução.

Quando alguém busca suprimento por intermédio de um curador, então depende esse suprimento da evolução da consciência espiritual do curador. Isso, todavia, não é um suprimento duradouro; cedo ou tarde, todo homem se verá na contingência de ter de confiar em seu próprio estado de consciência, na permanente certeza de que essa consciência desenvolvida é teoconsciência, a consciência de Deus que se desdobra na forma da nossa própria consciência individual.

Acontece então que, até certo ponto, abrirás mão da concepção de que suprimento seja algo relacionado com outro homem; e então surgirá em tua vida o grande e poderoso momento em que o mundo inteiro te cai dos ombros e tu sabes e dizes de todo o coração:

De Deus é a terra e tudo quanto nela está... Meu filho, tudo que eu tenho é teu... A plenitude da grandeza de Deus — não apenas uma parte, mas a plenitude total — é minha, agora, superando a mortalidade com o seu limitado senso de vida e revestindo-me de imortalidade, superando o meu limitado senso de egoidade e revestindo-me da infinitude de Deus, da graça de Deus, da presença de Deus, do poder de Deus.

Não tenho nenhum poder próprio; de mim mesmo nada posso fazer. Eu de mim mesmo não sou nada. Se falo do meu ego, do meu poder, do meu suprimento, dou testemunho de mentira. O Pai é minha vida. O Pai é meu suprimento.

Eu sou invisível, o meu suprimento é invisível; e eu o levo comigo aonde quer que vá.

Há certos homens no plano da busca espiritual que têm a ideia fantástica de que Deus, de algum modo, é mais amigo deles do que de outros. Que Deus horrível será esse! É possível, naturalmente, que a falta de conhecimento ponha teu vizinho face a face com a pobreza, criando nele a ideia de falta ou limitação; mas Deus não concede os seus bens mais liberalmente a uns do que a outros. A única diferença está no fato de que alguns, sobretudo os do caminho espiritual, sentem mais conscientemente do que outros a presença de Deus manifestada em forma visível.

Nenhum pesquisador da verdade deve pensar que um povo, uma raça, uma religião tenha acesso mais fácil a Deus do que outros, ou que alguma pessoa goze de algum privilégio especial perante Deus. A infinitude de Deus é universal; mas o que realiza o teu bem é o grau da compreensão da verdade. Uma vez que compreendeste que a conscientização da presença de Deus tem como consequência a manifestação real e a expressão da abundância, nunca mais acreditarás que algo possa ser melhorado por meio de manejos miraculosos ou pela oração. Compreenderás que o que aconteceu foi o seguinte: que tu te tornaste mais consciente de uma coisa que já existia desde o princípio em toda a sua plenitude.

Na mesma cidade em que fulano sofre pobreza e penúria, sicrano goza de abundância. Quem é responsável por isso não é a cidade, nem o tempo. Pode haver um ano de penúria, outro de prosperidade. O ano não é responsável por isso; muitas pessoas perderam a sua fortuna em períodos de prosperidade. Não é o tempo que te faz rico nem pobre. Não é o lugar que te faz ganhar nem perder. Tu mesmo te tornas uma lei para a tua experiência, na proporção que compreenderes que Deus é a substância real que subjaz a todas as formas aparentes.

Ora, se Deus é a substância subjacente a todas as formas, como poderias tu aumentar a forma? Será que Deus é a substância de formas limitadas? Não, a forma já é infinita, assim como infinita é a substância que produziu a forma. O segredo está em que reconheças que Deus é onipresente — mais do que isso, que Deus é a própria Onipresença, a presença do teu próprio ser, e, portanto, a presença do Infinito. A tua conscientização dessa presença do Infinito revela o Infinito como abundância lá onde havia carência.

Tudo que aparece visível é feito da substância do invisível e é infinito. Assim, por exemplo, não há nenhuma possibilidade de incrementar as tuas colheitas, o teu dinheiro, os teus latifúndios, ou outra coisa qualquer, por meio daquilo que o mundo denomina oração. Não há nenhuma oração miraculosa que faça sair um coelhinho de dentro de um chapéu. Ninguém o pode fazer, a não ser que o coelhinho já estivesse lá anteriormente. Não há tal coisa como incremento ou diminuição — existe tão somente a Infinita Realidade que se expressa deste ou daquele modo. Se tu não és um recebedor da Infinita Plenitude não é porque a Infinita Plenitude esteja ausente — mas é porque te falta a consciência da Infinita Plenitude.

Muitos assim chamados metafísicos tentam realizar *formas* do Bem, como se tivesse havido um tempo em que essas formas do Bem existissem independente e separadamente do próprio Bem! Na proporção em que a teoconsciência se revela aparece essa presença do Bem na forma que esse momento da vida requer — muitas vezes de modo "miraculoso".

Através de toda a Bíblia, desde o Gênesis até o Apocalipse, aparece e reaparece esse "milagre". Todo profeta, santo, vidente ou sábio sentiu a presença de Deus e nela viveu conscientemente, experimentando-a como proteção, segurança e alimento, na forma daquilo que de momento havia mister. Mas será que nos tempos bíblicos todo homem experimentava esses efeitos? Será que em nossos tempos todos se sentem assim amparados? Bem conheces a resposta. A quem acontecia isso, a quem acontece, e a quem acontecerá? Acontece àqueles que têm a nítida consciência da presença de Deus, àqueles que vivem, se movem e têm o seu ser conscientemente em Deus. O Mestre não podia multiplicar pão e peixe; o

Mestre só podia realizar uma coisa, podia realizar a consciência da presença do Pai no seu interior, e essa sua consciência da presença do Pai se manifestou externamente como pão e peixe multiplicados, como a cura de doentes e como a ressurreição de mortos.

Se aprenderes a abrir mão do teu poder mental, se desistires de querer manufaturar algo com a verdade, procurando fazer da tua mente humana uma usina elétrica, se te tornares quieto e receptivo até que o Verbo comece a fluir, saberás o que quer dizer harmonia e infinita plenitude.

Observa o milagre que acontece quando a tua mente cessa de lutar, quando desiste de querer criar algo, de querer multiplicar, de querer curar, salvar ou redimir! Observa o milagre em tua vida quando aprendes a relaxar-te mentalmente, compreendendo que a Infinita Realidade de Deus é o único Eu-Sou, e que as formas em que Deus se revela não podem deixar de ser infinitas.

Desse modo, os céus proclamam a glória de Deus, revelando a sua beleza e plenitude; e a terra testifica as maravilhas das suas mãos, a grandeza de Deus, inesgotável em forma, variedade, cores, perfumes e multitude.

A medida de Deus é sem-medida. Mas no momento em que tentas produzir maçãs, desces à finitude; no momento em que tentas produzir lar, saúde, riqueza entras na finitude. Mas, se conscientizares a presença de Deus, tens a presença de Deus, cuja infinitude aparece em infinitas formas do Bem. A presença de Deus não cria esta ou aquela forma de harmonia — a presença de Deus é em si mesma a forma de todo o Bem.

AUTOCONHECIMENTO:
BASE DA SABEDORIA
Autor: Krishnamurti
Formato: 14 x 21 cm
272 páginas
Instituição Cultural
Krishanamurti
Rio de Janeiro
(Ver p. 123)

Oração e Meditação

KRISHANAMURTI

Pergunta: Todas as religiões advogam a oração. Podeis explicar-nos o poder da oração e em que a oração difere da meditação?

Krishnamurti: Vós rezais, não? E quando é que rezais? Quando sois feliz? Ou orais nos momentos de tensão, de sofrimento? Rezais todas as manhãs, quando praticais o vosso *puja*. É uma rotina, uma coisa tradicional e monótona, sem muita significação. Quando sofreis, rezais, não é? Rogais, pedis uma solução para o vosso sofrimento. E há a prece que não é rotina, que não é súplica, mas, sim, uma vigilância (*listening*) plena.

A prece rotineira, consistente na repetição de palavras, produz evidentemente um certo resultado; quanto mais repetis tanto mais tranquilo vos tornais. Essa tranquilidade, porém, resultante da repetição é estagnação, porque a mente é posta a dormir pela repetição de uma frase, e pensais ter realizado uma coisa maravilhosa quietando a mente pela repetição; mas essa quietude não é criadora, é? É uma coisa insípida, como a existência do homem insignificante, sempre ocupado com seus assuntos domésticos, suas rezas, e sempre a repetir frases, porque, na repetição, se sente tranquilo, na sua insignificância.

E há oração, rogo, súplica quando há sofrimento. Prestai atenção a tudo isso, por favor. Quando sofro, desejo uma resposta. Quando morre meu filho, desejo conforto; desejo que alguém me diga que tudo lhe vai bem. Quando estou a morrer, já velho, desejo a garantia de um guru, ou do Livro, ou de um amigo, de que tudo vai dar certo, de que estou em segurança. E, assim, rezo, suplico, indago, pergunto. Quando rogo, quando peço, quando suplico, obtenho o que desejo; porque o que desejo é segurança, conforto. Vendo-me diante do abismo tenebroso, diante da solidão, diante do aniquilamento total, e não sabendo o que é isso, peço a alguém que me dê a resposta que desejo — isto é, a garantia de que do "outro lado" está a luz, que lá encontrarei companheiros, encontrarei o Pai. Como disse, quando sofro, rezo; e minha prece é respondida de acordo com meu desejo. Isso não é uma asserção cínica, mas o fato verdadeiro.

Estou sofrendo, e alguém vem dizer-me que sofro por causa de todas as desgraças que infligi em milhares de pessoas, por causa da minha conduta na vida. Não quero ver esse fato de frente, quero ser tranquilizado, quero conforto e procuro a pessoa que me satisfaz. Ou, nesse sofrimento, quando rezo, penso em alguma coisa — na luz, no pássaro, no mar, num quadro — e meu sofrimento passa; livro-me dele temporariamente. Já não notastes que quando desviais o espírito do sofrimento físico, o sofrimento diminui? De modo idêntico, se quando rezais podeis desviar o espírito do presente conflito, do presente sofrimento, encontrais paz. Mas isso é fuga. Nisso há deterioração. Mas dá-vos uma certa tranquilidade, uma certa paz; vossa mente se acalmou; e essa paz atua como um entorpecente, como um narcótico. Tanto faz beber uísque como rezar, pois não vos interessa investigar, descobrir, passar além; só estais interessado em conforto. Assim sendo, a oração corresponde ao vosso desejo; e quanto mais desejais, quanto mais intensamente desejais, tanto maior a satisfação que obtendes.

Todavia, pode-se fazer uso da palavra "oração", de que tanto se abusa, para designar coisa inteiramente diferente? Se eu puder compreender o que é meditação, compreenderei, então, talvez, o que é a prece — a verdadeira prece, e não a prece estúpida da mente mesquinha.

Que é meditação? Para saberdes o que é meditação, deveis saber quem é "o meditador" — não uma entidade qualquer superior, mas o "meditador", o homem que medita, o homem que se senta numa cadeira, fecha os olhos e começa a meditar. Sem se conhecer essa entidade, o "processo" é inteiramente vão, e não podeis conhecer a meditação, pois não podeis separar a meditação do meditador. Não há meditação sem meditador, e se o meditador não compreende a si mesmo, não há paz. Assim, pois, para se saber o que é meditação, precisamos compreender o que é o meditador; e a compreensão do meditador é autoconhecimento, sabedoria. Não escuteis palavras, simplesmente, mas compreendei a vós mesmos.

O autoconhecimento é o começo da sabedoria, e a mente limitada que medita será sempre, mesmo ao cabo de dez anos, um espírito ainda limitado; e essa é a tragédia das pessoas que costumam meditar. Fecharamse de tal maneira dentro do seu condicionamento que não há nada que possa penetrar até onde se encontram; e permanecem limitadas, e ansiosas, e numa busca incessante. O meditador deve começar a compreender a si mesmo, momento por momento, dia por dia — compreender o que ele é e o que não é, quando toma o bonde, quando conversa com a esposa, quando ralha com a criança, quanto tem preconceito de classe — ele tem de estudar a si mesmo, em todos esses momentos.

Então, nesse autoconhecimento, revelar-se-ão as operações do meditador, de que modo ele surge; ver-se-á então que não há meditador separado da meditação, apenas meditação — e não meditador meditando. Só então, quando não há senão meditação, há paz, pois a mente já não está meditando em alguma coisa, já não está tentando pela meditação encontrar algo. Então só há meditação, pois há tão somente "escuta". Não existe aí meditador meditando em alguma coisa. O observador é a coisa observada. Não existe temor. E só então há paz, paz que não pode ser obtida pela mente, porque a mente é sempre insignificante, pequena. A mente nunca pode ser grande. O que é grande não pode ser chamado pela mente. O espírito pode chamar apenas sua própria pequenez. Não pode chamar o que é grande. Não pode chamar a Verdade, o Real. E, assim, a mente só pode estar quieta, receptiva, só, quando está a "escutar".

Pergunta: Falai-nos sobre meditação.

Krishnamurti: Não estais meditando agora? Há meditação quando a mente, despojada do seu saber, dos seus desejos, e sem buscar resultados, está verdadeiramente a investigar, não em relação com determinada ideia, determinada imagem, determinada compulsão;

quando a mente não está senão investigando, e não em procura de uma solução, de uma ideia, de qualquer coisa. Quando pesquisais verdadeiramente? Não estais investigando verdadeiramente quando sabeis a resposta, quando desejais alguma coisa, quando buscais satisfação, quando quereis conforto. Aí a mente já não está investigando. Só quando, compreendendo todo o significado do conforto e do desejo de segurança, se despoja de tudo quanto é autoridade, só quando a mente é livre, é capaz de investigar. E não constitui isso, inteiramente, o processo da meditação? Por conseguinte, o pesquisar, em si, não é devoção, reverência?

Meditação, pois, é tranquilidade do espírito — do espírito que não está mais desejando, vibrando, indagando, com o fim de satisfazer-se. Não há meditação quando estamos repetindo palavras ou cultivando alguma virtude. A mente que está cultivando uma virtude, repetindo palavras, salmeando — essa mente é incapaz de meditação; isso é auto-hipnose, e pela auto-hipnose podem criar-se ilusões maravilhosas. A mente que é capaz de alcançar a verdadeira liberdade — a liberdade do passado — é uma mente que não está ocupada, e por isso se acha extraordinariamente tranquila. Essa mente não tem "projeções"; encontra-se no estado de meditação. Nessa meditação não há "meditador": *eu não estou meditando, não estou experimentando a tranquilidade*; há só tranquilidade. No momento em que *experimento* a tranquilidade, neste momento ela se torna memória; por conseguinte, não é mais tranquilidade; é uma coisa que se foi. Quando a mente está ocupada por algo que já se foi, está aprisionada no passado.

Na meditação, pois, não há "meditador"; por conseguinte, não há a entidade que se encontra e se esforça para meditar, que se senta de pernas cruzadas e fecha os olhos para meditar. Quando o "meditador" faz esforço para meditar, aquilo em que medita é então sua própria "projeção", suas próprias coisas, vestidas com suas próprias ideias. Tal mentalidade não sabe meditar; não sabe o que significa meditação.

Entretanto, o homem que compreende o que está ocupando o seu espírito, e não escolhe com que se ocupar, esse homem conhecerá a tranquilidade — a tranquilidade que surge exatamente no começo, a liberdade. A liberdade não se acha no fim; ela está justamente no começo. Não se pode exercitar a mente para tornar-se livre. Ela tem de ser livre desde o princípio. E nessa liberdade a mente está tranquila, porque não faz escolha; ela não se está concentrando, não está absorvida em coisa alguma. E nessa tranquilidade se está concentrando aquilo que é "o Desconhecido".

Pergunta: Com o que deve a mente ocupar-se? Desejo meditar. Podeis dizer sobre o que devo meditar?

Krishnamurti: Ora, vejamos o que é meditação. Vamos averiguá--lo juntos, vós e eu. Não vou dizer-vos o que é meditação. Nós ambos vamos descobri-lo, como coisa nova.

A mente que aprendeu a meditar — quando isso significa concentrar-se —, a mente que aprendeu a técnica de excluir todas as coisas e a concentrar-se num determinado ponto, essa mente é incapaz de meditação. É isso o que quase todos desejamos. Queremos aprender a concentrar-nos, a ficar ocupados com um só pensamento, com exclusão de todos os demais pensamentos, e a isso chamamos meditação. Mas meditação é coisa inteiramente diferente, conforme vamos averiguar.

Nosso primeiro problema, por conseguinte, é: por que exige a mente ocupação? Compreendeis? Minha mente diz: "Preciso estar ocupada com alguma coisa, uma ansiedade, uma lembrança, uma paixão, ou sobre como ser sem paixão, ou como livrar-me de algo, ou como encontrar uma técnica que me ajude a construir uma ponte". Assim, pois, se observardes, vereis que a mente reclama constante ocupação; não é verdade isso? É por essa razão que dizeis: "Minha mente precisa estar ocupada com a palavra OM"; é por isso que recitais Ram Ram; é por isso que vos ocupais com o hábito de beber. A palavra OM, ou a palavra Ram Ram, ou a palavra "beber", é tudo a mesma coisa, porque a mente quer estar ocupada, porque pensa que, se não estiver ocupada, praticará algum malfeito, se não estiver ocupada ficará andando sem rumo. Se a mente não está ocupada, que finalidade tem então a vida? Inventais assim uma finalidade da vida — nobre, ignóbil ou transcendental — e ficais apegado a ela, ficais ocupado com ela. É a mesma coisa estar a mente ocupada com Deus ou estar ocupada com seus negócios, porque a mente, consciente ou inconscientemente, diz que precisa estar ocupada.

Por conseguinte, a primeira coisa que devemos fazer é averiguar por que a mente exige ocupação. Prestai atenção a isso. Estamos agora meditando. Isso é meditação. A meditação não é um estado que se alcança no fim. A liberdade não se obtém no fim; a liberdade se acha no começo. Se não tendes liberdade no começo, não a tereis, tampouco, no fim. Se não tendes amor agora, não tereis amor daqui a dez anos. O que agora estamos fazendo é investigar o que é meditação. E o próprio indagar do que é meditação é meditar.

Diz a mente: "Preciso estar ocupada com Deus, com a virtude, com minhas ansiedades, com meus interesses comerciais"; está ela, pois, incessantemente ativa na sua ocupação. A mente, pois, só pode existir enquanto ativa, enquanto consciente de si mesma em ação, e não de outro modo. A mente se conhece como existente quando está ocupada, quando está agindo, quando alcança resultados. Ela se conhece como existente quando em movimento. O movimento é a ocupação no sentido de um resultado, um ideal ou a negação desse ideal.

Assim, pois, só estou cônscio de mim mesmo quando há movimento, para dentro e para fora. A consciência, por conseguinte, é esse movimento da ação, para fora e para dentro; é esse "exalar" de reações, de lembranças, e o recolhê-las de novo. A minha mente, pois, o "eu sou", só tem existência quando estou pensando, quando estou em conflito com uma coisa, quando há sofrimento, quando há ocupação, quando há tensão, quando há escolha.

A mente, pois, só se conhece quando está em movimento, quando é ambiciosa e se arrasta por esse caminho. E, percebendo que a ambição é uma coisa estúpida, diz a mente: "Preciso ocupar-me com Deus". A ocupação da mente com Deus é a mesma coisa que a ocupação da mente com dinheiro. Pensamos que o homem cuja mente se ocupa com Deus é mais sagrado do que aquele cuja mente se ocupa com dinheiro; ambos, porém, são de fato idênticos; ambos querem resultados, ambos precisam estar ocupados. Pode, pois, a mente estar sem ocupação? Esse é o problema.

Senhores, pode a mente estar "em branco", sem comparar, visto que o "mais" é o modo pelo qual a mente sabe que existe? A mente que tem conhecimento de sua existência nunca está satisfeita com o que é: está sempre adquirindo, comparando, condenando, exigindo mais e mais. Na exigência, no movimento do "mais", a mente conhece a si mesma como existente, sendo isso o que chamamos "consciência de si mesmo", o consciente que está à superfície e o inconsciente. Tal é a nossa vida, tal a conduta de nossa existência de cada dia.

Desejo saber o que é meditação; digo, por isso, que preciso estar ocupado com a meditação; e está, pois, a minha mente, de novo, ocupada com a meditação. Ora, a mente ocupada — prestai atenção a isso, "escutai" —, a mente que está sempre ocupada será capaz, em algum tempo, de meditação? A meditação, sem dúvida, é a compreensão das tendências da mente. Se não sei como o meu espírito opera, funciona, trabalha, como posso meditar? Como posso descobrir realmente o que é a verdade? A mente, pois, tem de descobrir a maneira como está ocupada; começa ela então a perceber o com que está ocupada, e descobre que todas as ocupações são a mesma coisa; porque, nelas, a mente se está enchendo de palavras, de ideias, está em movimento constante, e por isso nunca pode haver tranquilidade.

Quando o espírito se ocupa com o descobrimento do que é o Amor, isso constitui uma outra espécie de ocupação, não é? É o mesmo caso do homem que se ocupa com a paixão. Quando dizeis que tendes de descobrir a Verdade, podeis descobri-la? Ou a Verdade só desponta quando a mente não está ocupada, quando a mente está vazia para receber, e não para juntar e acumular? Porque só podemos receber uma vez. Se transformarmos, porém, aquilo que recebemos numa lembrança, e com ela ficarmos ocupados, nesse caso nunca mais receberemos nada. Porque o receber acontece momento por momento. Ele, por conseguinte, está em relação com o Atemporal.

A mente, pois, que é coisa do tempo, não pode receber o Atemporal. Ela deve, portanto, estar completamente tranquila, completamente vazia, sem fazer nenhum movimento em qualquer direção. E isso só pode acontecer quando nossa mente não está ocupada — quando não está ocupada com o "mais", com um problema, uma ansiedade ou com fugas; quando não está condicionada em nenhuma crença, nenhuma imagem, nenhuma experiência. Só quando a mente é totalmente livre existe a possibilidade de uma tranquilidade imensa e profunda; e, nessa tranquilidade, se manifesta na existência o Eterno. Eis o que é meditação.

O PODER INFINITO DA ORAÇÃO
Autor: Lauro Trevisan
Formato: 14 x 21 cm
184 páginas
Editora e Distribuidora da Mente
Santa Maria - RS
(Ver p. 126)

A Busca da Verdade

LAURO TREVISAN

O autor deste capítulo — o famoso escritor e conferencista Lauro Trevisan — é conhecido em todo o Brasil, Portugal e países da América Latina. Lauro Trevisan é autor de vários best sellers *de mensagem espiritual e de orientação filosófica. Seus livros atingem edições astronômicas e foram traduzidos em vários países.*

Este texto foi extraído do seu livro O Poder Infinito da Oração, *lançado em 1988 (hoje com 56 edições) pela Editora e Distribuidora da Mente.*

A causa da inclusão desta poderosa mensagem espiritual foi o resultado de uma enquete desta editora, com dezenas de pessoas, que elegeram Lauro Trevisan como autor obrigatório na coleção O Poder do Poder.

É com muita satisfação que atendemos ao pedido de nossos leitores. Estamos aplicando a filosofia do ganha-ganha, *princípio que fundamenta este nosso trabalho. Cultural e emocionalmente todos ganham — o leitor, o autor e a editora.*

As origens

Onde quer que você esteja, sempre encontrará pessoas orando.

Quer você percorra os grandes conglomerados humanos ou esteja no meio dos índios, entre os bárbaros, em regiões inóspitas, em meio a ignorantes, junto de médicos e cientistas, em companhia de professores universitários, sempre encontrará pessoas que oram.

Neste preciso momento há milhões de pessoas orando.

A matéria-prima de todas as religiões do mundo é a oração.

Desde a mais remota antiguidade o ser humano reza.

Se realizo uma pesquisa entre o povo para saber por que cada um reza, surgirão muitas respostas assim:

— Rezo porque meus pais me ensinaram a rezar.

— Rezo porque aprendi na minha religião.

— Rezo porque minha catequista me ensinou.

— Rezo porque o padre ou o pastor disseram que todos somos obrigados a rezar.

— Rezo porque senão eu não me salvo.

— Rezo porque é obrigação de todo cristão.

— Rezo porque sempre rezei.

— Rezo para que Deus me ajude.

— Rezo porque a Igreja manda rezar.

— Rezo para pedir a Deus alguma coisa.

A oração sempre existiu na Terra, desde que surgiu o primeiro habitante.

Se a oração fosse uma espécie de amuleto ou de superstição dos povos primitivos, hoje ninguém mais rezaria, porque a evolução da humanidade, através de tantos milênios, é realmente estupenda. Atualmente, temos uma compreensão muito maior do mundo mental, espiritual e cósmico.

Também, se a oração subsistisse apenas por ser ordenada pelos líderes religiosos, a ciência já teria derrubado essa obrigação.

O simples fato de ter o homem orado desde a idade da caverna e essa prática persistir ainda nos dias de hoje já significa que na oração existe algo de profundo, transcendente e irremovível.

Se a oração, na época atual, fosse apenas um resquício do submundo da ignorância, muito pouca gente estaria rezando. No entanto, o mundo continua orando mais do que nunca.

Hoje em dia, ninguém mais estaria usando uma prática que não tivesse sentido.

Antigamente, por exemplo, se pensava que a Terra era plana; hoje ninguém mais diz isso. Antigamente, afirmava-se que a Terra estava parada e o Sol girava em torno da Terra; hoje, se sabe cientificamente que acontece exatamente o contrário. Não é porque a Igreja da Idade Média ensinava que a Terra era fixa que se deve continuar pensando assim, pois a ciência já provou que o nosso planeta se move ao redor do Sol.

Assim, não é pelo simples fato de que antigamente se ensinava que o homem deve orar que, hoje, todo mundo continuaria orando, mesmo que estivesse provado que a prece era um equívoco dos povos primitivos. Se a humanidade continua rezando, e cada vez mais, é porque a cada dia se comprova a utilidade e a necessidade da oração.

Oração é contato com Deus

Sabe-se que, no âmago da criatura humana, estão o Poder Infinito e a Sabedoria Infinita, ou, em outras palavras, está Deus, o Pai, o Eu Maior, a Fonte da Vida, a Presença Divina, a Energia Superior, a Luz Infinita, o Espírito Santo.

Não importa o nome que você dá a essa Presença; o que importa é o reconhecimento dessa verdade.

Jesus dizia que dentro de cada um está o Pai: "E tu, quando orares, entra no teu secreto e ora a teu Pai, que está no secreto. E teu Pai, que vê às ocultas, te recompensará!"

O secreto é o seu interior.

Huberto Rohden, em seu livro *Jesus Nazareno*, escreveu que "a oração é um despertamento do Pai no homem, uma realização de Deus no homem, uma conscientização da presença de Deus no homem".

— Mas que Deus é esse que está em mim?

Como pode você querer uma resposta sobre o Infinito, sendo você tão finito, tão pequeno de compreensão? Se pouco ou nada sabe sobre a origem da borboleta, da galinha, do ovo, da energia elétrica, da vida de um passarinho, que são seres com os quais tem contato permanente e pertencem às dimensões materiais do seu mundo, como quererá abranger Deus no seu raciocínio? Seria o mesmo que querer que uma gota de água contenha todo o Oceano Atlântico.

Como escreveu Rajneesh: "Não pergunte se Deus existe, pergunte se você existe".

Medite a sua realidade, a sua dimensão, e, por certo, tocará com a bola do seu manto as raias do Infinito. Mas jamais alcançará o todo do Infinito.

Você reconhece Deus por você mesmo.

Masaharu Taniguchi escreveu que "hoje, como amanhã, o espírito de Deus está eternamente dentro de você, orientando-o e vivificando-o" (*Acendedor*, 1969).

O contato com seu Deus interior é feito pela oração. Essa é a linguagem da religião. Qualquer pensamento ou palavra ou imagem dirigido a Deus chama-se oração.

Assim escreveu Catherine Ponder: "A prece é o método de pensamento que liga Deus e o homem".

Pensar, falar, imaginar, redigir, cantar, sonhar, desejar, pedir, são atos mentais. Porém, se esse pensar, falar, imaginar, redigir, cantar, sonhar, desejar, pedir, se dirigir a Deus — chama-se oração.

As leis da mente e as Leis Divinas têm a mesma origem — Deus.

Ainda se reza muito!

A oração é uma prática que pode ser relegada, esquecida, postergada, desacreditada, contraditada, mas ninguém pode ter a certeza de que nunca mais orará.

A prece está além dos hábitos, das crenças, das convicções e das decisões.

De repente, avisam que seu avião está em pane e você, que não rezava há trinta e cinco anos, instintivamente pensa em rezar. E reza. Que impulso estranho é esse que incita uma pessoa a rezar?

Se lhe disserem, hoje, que está com uma doença incurável, adiantada, e que a morte está próxima — deixará você de rezar?

O famoso presidente dos Estados Unidos, Abraham Lincoln, confessou o seguinte: "Muitas vezes fui levado a ajoelhar-me, pela avassaladora convicção de que não tinha outra coisa a fazer. Minha própria sabedoria e a de todos à minha volta pareciam-me insuficientes para aquele dia".

Catherine Ponder escreveu uma grande verdade, num de seus livros: "A prece é um dom inato no homem, e não uma prática estranha a ele e algo misterioso".

A oração é a linguagem natural deste ser humano-divino chamado homem. Essa verdade se evidencia mais clara e dramaticamente à medida que a criatura humana não encontra as soluções na sua mente racional e analítica.

Conta Spencer Kinard que "uma frase muito pronunciada por aqueles que voltam de uma guerra é: 'Numa trincheira não existem ateus'. E acho que podemos acrescentar", continua ele, "como sugere o hino da Marinha dos Estados Unidos, que também não existem ateus em navios que afundam ou aeronaves com problemas. Quando ficamos com medo, quando ficamos preocupados com o futuro, e certamente quando nossa vida está em perigo, nós nos voltamos para o Criador, pedindo socorro e orientação. Que alegria e consolo saber que há alguém a quem recorrermos em hora de necessidade!" (*O valor de um sorriso*).

Lembro-me da história que me contaram, acontecida quando naufragou o maior navio do mundo, o *Titanic*, em sua viagem inaugural. Como era considerado um navio praticamente insubmersível, havia poucos botes salva-vidas. Segundo li, aproximadamente setecentas pessoas se salvaram e mil e quinhentas morreram por falta de botes. Enquanto o navio adernava em direção ao fundo do oceano, a orquestra reuniu-se no convés, com a multidão em pânico, e tocou a canção religiosa Mais perto do meu Deus.

Quando tudo estava perdido, o pensamento geral daquela gente voltou-se para Deus.

Nesses momentos cruciais da vida humana, vê-se que a oração nada tem a ver com obrigação, hábito ou tradição.

A oração é um dom inato, porque é a única via de ligação entre você e o Deus todo-poderoso e onisciente que habita a sua mente interior.

A oração é a marca divina no coração humano. Por isso, você continua orando, as multidões continuam orando.

Mesmo que você se instale no alto da sua descrença, jamais poderá ter certeza de que um dia não rezará.

A explicação está em que Deus não pode ser definido, mas

também não pode ser negado; e a oração é o caminho pelo qual a gente entra em contato com Deus.

Quando suas forças acabam, quando sua inteligência entrega os pontos, quando a luz apagou, quando o seu beco é sem saída, quando seu túnel não tem fim, é certo que você se volta para um Ser Superior, capaz de tornar possível o impossível, capaz de resolver o insolúvel, capaz de curar o incurável.

Isso é orar.

Oração é energia

Muitas vezes eu tenho dito que pensamento é energia. Existem até aparelhos para medir a energia irradiada pelo pensamento.

A palavra é uma forma de pensamento.

A ideia é uma forma concatenada de pensamentos.

A imaginação é uma forma de pensamento.

A oração é uma forma de pensamento. Portanto, oração é, antes de tudo, energia mental.

Como a oração encerra conteúdo espiritual, fica claro que a prece contém energia mental e espiritual.

Sabendo-se, ainda, que a prece é contato com Deus, vê-se nela a energia multiplicada ao infinito.

Taniguchi escreveu: "Mesmo quando tudo parece em trevas, não haverá nenhuma preocupação nem temor se reconhecermos que dentro de nós existe uma força infinita. À minha oração respondem céu e terra".

A prece — disse Rajneesh — é esse emergir na energia.

Esse estado interiorizante da oração é contato com a luz, e luz é energia. Por isso, a aura de uma pessoa orante se ilumina.

Pode-se, até, ver um halo de luz nos grandes místicos, nos santos.

Essa energia que flui e reflui em você, na oração, pode ser irradiada a outra pessoa, quando sua prece é dirigida a essa pessoa.

Não há barreiras que impeçam o fluxo dessa energia.

Sua oração por alguém doente é grande projeção de energia superior a essa pessoa.

Os tipos de energia

— Mas, então — perguntará você —, existem muitos tipos de energia?

Energia é força, e a manifestação dessa força pode ter as formas mais diversas. Temos, por exemplo, as hidrelétricas, as termoelétricas, as usinas atômicas. Pode-se fazer a soma dessas energias percorrer por um único condutor e chegar à lâmpada da sua casa ou ao motor da sua indústria.

Isso quer dizer que a energia é uma só, mas as formas de manifestação podem ser muitas.

Rajneesh escreve o seguinte: "A energia em si é neutra. Quando é expressa biologicamente é sexo; expressa emocionalmente pode tornar-se amor, ódio, pode tornar-se raiva; quando expressa intelectualmente, pode tornar-se científica; quando se move pela mente, se transforma em mental. As diferenças não são diferenças de energia como tal, mas das manifestações aplicadas dela" (*A Psicologia do Esotérico*).

Como a prece atinge o infinito, a manifestação da energia alcança força infinita.

Se a energia de uma bomba atômica pode derrubar uma montanha, por que a energia da fé não pode remover montanha, já que a fé é a energia mais poderosa conhecida, conforme ensinou o Mestre?

O dr. Alexis Carrel, num artigo publicado pela *Reader's Digest* em 1941, afirmou: "A oração é a forma de energia mais poderosa que se pode gerar".

E Carrel, em seu trabalho, continua dizendo que essa energia atua de maneira verificável na mente e no corpo de uma pessoa, produzindo, por exemplo, vigor mental e vitalidade física.

Assim escreveu ele: "A influência da oração sobre o espírito e o corpo humano é tão demonstrável quanto a das glândulas. Seus resultados podem ser avaliados em termos de um aumento de vitalidade física, mais vigor intelectual, fibra moral e uma compreensão mais profunda das realidades que estão na base dos relacionamentos humanos".

Norman Vincent Peale, falando da oração, disse: "Ela liberta as forças, fazendo-as jorrar livremente".

Mais adiante, ele completa: "É importante que você saiba estar tratando com a maior força existente no mundo, quando você está fazendo suas orações" (*O Poder do Pensamento Positivo*).

Num outro livro, acrescenta Peale: "Podemos estabelecer ligação com uma formidável fonte de energia, maior que a gerada pelo pensamento ou pelo trabalho das mãos. Permita-me que repita: a mais poderosa forma de energia que se possa gerar é a da oração" (*Como Confiar em Si e Viver Melhor*).

A energia de um trator, por exemplo, pode remover uma montanha por meio de um trabalho executado em dez anos; a energia da prece tem potência infinita e pode remover a montanha num minuto. Por isso, na prece você está tratando com a energia superior.

Oração é poder

Certo dia, li num dos livros de Norman Vincent Peale o seguinte: "Estou convencido de que a prece é uma emanação de poder. Se você 'atirar' preces às pessoas, poderá afetá-las profundamente. Escolha alguém que, de certa forma, seja um problema para você, e atire-lhe preces. Veja-se como que a envolvendo e rodeando com preces salutares, boa vontade e fé. Eu tenho visto, em casos assim, resultados surpreendentes, que parecem quase incríveis".

Toda oração é poder, porque tem a força de materializar a ideia contida.

A oração, em verdade, muda as coisas. Mais do que isso: faz as coisas.

Toda oração é poder, porque, existindo a fé, se realiza infalivelmente.

Ora, se todo conteúdo, de qualquer natureza, contido numa prece, se realiza, imagine você o poder infinito desencadeado em cada oração, por mais simples que seja.

A prece é poder, porque determina a manifestação divina.

O pedir é a prece; o receber é a manifestação divina.

Veja o que escreveu Emmet Fox: "Dentro de você existe uma fonte inesgotável de poder, se souber como entrar em contato com ela. Esse poder pode curá-lo e pode inspirá-lo, dizendo-lhe o que fazer e como fazê-lo. Pode tirá-lo do Egito e trazê-lo para a Terra Prometida, em que abundam o leite e o mel. Pode dar-lhe paz de espírito e, acima de tudo, pode dar-lhe um conhecimento direto de Deus. Esse poder é a oração científica".

Numa outra obra, acentuou esse escritor: “Quando nos lembramos de que Deus é realmente onipotente, que não sofre entraves daquilo a que chamamos de espaço ou matéria, dos caprichos da natureza humana, é fácil ver que não pode haver limite para o poder da oração”.

Você que precisa mudar a situação negativa do seu negócio, você que precisa transformar o seu fígado doente em fígado saudável, você que precisa resolver uma demanda judicial entravada, você que precisa fazer uma viagem, você que precisa tornar-se calmo — recorra ao poder transformador e realizador da prece.

O escritor Honoré de Balzac escreveu, certa vez: “Quando nos concentramos e somos capazes de rezar sem fadiga e com amor, harmonizamo-nos com o poder divino e nossa vontade, semelhante a um tufão, a um raio, abre caminho através de tudo e participa do poder divino”.

Oração é poder.

O apóstolo Paulo, em sua Carta aos Efésios, ensinou: “Por essa razão, eu dobro os joelhos diante do Pai — de quem toma o nome toda a família no céu e na terra — para pedir-lhe que conceda, segundo a riqueza da sua glória, que vós sejais fortalecidos em poder pelo seu Espírito no homem interior...” (Efésios, 14, 19).

Dobrar os joelhos diante do Pai é orar. E a prece traz o fortalecimento no poder. Porque oração é poder.

Numa de suas cartas, o apóstolo Tiago escreveu: “Se alguém dentre vós tem falta de sabedoria, peça-a a Deus, que a concede generosamente a todos, sem recriminações, e ela ser-lhe-á dada, contanto que peça com fé, sem dúvidas, porque aquele que duvida é semelhante às ondas do mar, impelidas e agitadas pelo vento. Não pense tal pessoa que vai receber coisa alguma do Senhor, dúbio e inconstante que é em tudo o que faz” (1, 5-8).

A oração profunda, que encontra Deus, encontra o Espírito e a Verdade. Espírito e Verdade são sabedoria.

Gandhi dizia que “a verdade é Deus e Deus é verdade”.

Quando você ora, torna-se uno com Deus. Como Deus é verdade, na sua verdadeira prece você se torna uno com a Verdade. E a Verdade é sabedoria.

Mas a Verdade não está somente na consciência, e sim, também, na subconsciência, isto é, nas profundezas do seu ser, em cujo âmago habita Deus.

Oração é milagre

Pode-se afirmar que oração é milagre, porque a prece se realiza através de uma força e um poder não explicados pela ciência.

O milagre existe.

A cada dia milhões de pessoas são curadas extraordinariamente de doenças consideradas incuráveis. Conheci pessoas que os médicos disseram que nunca sairiam da cama e hoje andam por este mundo afora mais sadias do que nunca.

Quantas pessoas não poderiam jamais caminhar, e hoje caminham, quantos negócios saíram da falência prevista para o sucesso total? Quantos casamentos levantaram das cinzas para a mais linda comunhão de amor, quantos náufragos se salvaram, contra todas as expectativas? Quantas pessoas se salvaram de acidentes de forma tão impossível que se consideraram como tendo nascido de novo?!

Que força estranha é essa chamada milagre?

Que poder desconhecido é esse a que dão o nome de milagre?

Emmet Fox escreveu: "Sabemos que nossa oração será atendida, mas nunca sabemos exatamente como".

"Às vezes", continua ele, "parece não haver meio, em termos humanos, para a solução do problema e, no entanto, ele é resolvido de alguma maneira gloriosa e emocionante".

O "como" é exatamente a premissa do milagre. Porque o milagre não é um acontecimento impossível de ocorrer, mas a maneira pela qual acontece é que se supunha impossível. Portanto, por milagre não se entende um rompimento da ordem natural estabelecida por Deus, mas a realização da ordem natural por caminhos e meios desconhecidos humanamente até o dia de hoje.

Quando Jesus saciou a fome de cinco mil pessoas famintas — isso é coisa que muitos restaurantes fazem diariamente, mas saciar a fome de cinco mil pessoas com sete pães e sete peixes — aí está o milagre.

O milagre é a realização da prece, ou da mentalização, através de meios maravilhosos e desconhecidos.

O milagre, pois, está ao seu alcance. Basta que você acredite nele.

Todo pensamento acreditado acontece.

Toda oração acreditada acontece.

O milagre é a força divina imanente em você.

Se essa força é imanente em você — você é o seu poder de milagre. Por causa do poder de Deus que existe em você.

Foi por isso que Jesus afirmou, com extrema sabedoria: "Tudo é possível àquele que crê".

Creia firmemente que aquilo que você deseja acontece e fique tranquilo, porque acontecerá.

O milagre é simples.

Oração é amor

O famoso poeta Samuel Coleridge disse, certa vez: "Reza melhor quem ama melhor".

O mestre Jesus resumiu toda lei e os profetas numa única palavra: "Amor".

Amar, portanto, é a mais perfeita oração.

É fácil chegar-se à compreensão dessa verdade.

Estado de amor é estado de felicidade e estado de felicidade é estado interior de reino dos céus.

Na oração acontece a comunicação entre o Pai e o filho, e essa comunicação é amor. Mesmo que você esteja orando por alguma pessoa, ou pedindo alguma coisa, a sua prece está se dirigindo ao Pai e, por isso, é um contato entre filho e Pai. Esse contato é amor.

A oração, que é amor na sua essência, não contém o ódio, a raiva, o ciúme, a inveja, a tristeza e qualquer espécie de maldade. Amor, portanto, já é perdão.

Amor é luz e na luz não há trevas.

Agora você compreende que a legítima oração é ato de amor, assim como amar é orar.

Quando você está fazendo a sua oração, procure alcançar o estado interior de amor, para que sua palavra chegue a Deus.

A sua oração alcança o mais elevado estágio quando ocorre em você a interação total de Deus, do universo e da humanidade dentro de si.

Enquanto isso não acontece, continue fazendo a oração do amor, para que o amor aconteça. O amor acontecendo, tudo aconteceu. Porque aconteceu a felicidade, o estado interior do reino dos céus.

Veja a dimensão extraordinária que o apóstolo Paulo deu ao amor: "Se eu falasse as línguas dos homens e dos anjos mas não tivesse o amor, seria como o bronze que soa ou como um címbalo que tine. Ainda que eu tivesse o dom da profecia, o conhecimento de todos os mistérios e de toda a ciência, ainda que tivesse toda a fé, a ponto de transportar os montes, se não tivesse o amor, eu nada seria. Ainda que eu distribuísse todos os meus bens aos famintos, ainda que eu entregasse o meu corpo às chamas, se não tivesse o amor, isso nada me adiantaria. O amor é paciente, o amor é prestativo, não é invejoso, não se ostenta, não se incha de orgulho. Nada faz de inconveniente, não procura o seu próprio interesse, não se irrita, não guarda rancor. Não se alegra com a injustiça, mas se regozija com a verdade. Tudo desculpa, tudo crê, tudo espera, tudo suporta. O amor jamais passará. Quanto às profecias, desaparecerão. Quanto às línguas, cessarão. Quanto à ciência, também desaparecerá. Pois o nosso conhecimento é limitado, e limitada é a nossa profecia. Mas quando vier a perfeição, o que é limitado desaparecerá. Quando eu era criança, falava como criança, pensava como criança, raciocinava como criança. Depois que me tornei homem, fiz desaparecer o que era próprio da criança. Agora vemos em espelho e de maneira confusa, mas, depois, veremos face a face. Agora o meu conhecimento é limitado, mas, depois, conhecerei como sou conhecido. Agora, portanto, permanecem fé, esperança, amor, essas três coisas. A maior delas, porém, é o amor" (Cor 13, 1ss).

O amor é a oração mais elevada.

A grandeza da oração está na simplicidade

Ser simples como criança, ao orar, é o método mais perfeito.

Jesus já afirmava essa verdade há dois mil anos, quando disse: "Se não vos tornardes como as crianças, não entrareis no reino dos céus".

O reino dos céus é um estado interior de comunhão com Deus e, consequentemente, é estado de felicidade.

Ser como a criança significa ser simples, límpido e transparente no pensamento; manter univocidade entre a mente consciente e subconsciente, ser confiante, acreditar cegamente no poder de Deus, assim como a criança acredita no poder do pai e da mãe, dizer aquilo que está querendo dizer, portanto, não ter dobrez; estar sempre em estado positivo, não guardar rancor; ser harmonioso dentro de si.

Toda oração legítima é simples.

E toda oração simples é unívoca.

Toda oração unívoca é infalível.

Para alcançar a simplicidade, você precisa soltar-se, desamarrar-se, sentir o voo inexprimível da liberdade interior, precisa conseguir envolver-se na poesia do pôr do sol; precisa alcançar a beleza indizível da flor.

Ser simples é cumprimentar a quem você ofendeu e, sorrindo, pedir desculpas; ser simples é não deixar entrar na cabeça as maldades dos outros e ter sempre o perdão nas mãos abertas.

Ser simples é ser simples mesmo.

Quando você é simples, alcançou a Vida, pois a simplicidade põe você em comunhão com Deus e o universo todo.

Essa simplicidade é o próprio reino dos céus.

Para alcançar simplicidade é necessário mergulhar fundo no seu interior, até atingir a fronteira entre o finito e o infinito.

Qualquer pensamento ou sentimento que rompa a simplicidade do interior fará você entrar em descaminhos e, então, não conseguirá encontrar-se com Deus.

A oração simples não pode conter ódios, pois somente a luz do amor universal iluminará o seu caminho até seu Deus interior.

Baseado nessa verdade, Jesus ensinou: "Se, por conseguinte, estiveres ante o altar para apresentar tua oferenda e te lembrares de que teu irmão tem queixa de ti, deixa a tua oferenda ao pé do altar e vai reconciliar-te primeiro com teu irmão; e depois vem oferecer o teu sacrifício. Não hesites em fazer as pazes com teu adversário, enquanto estiveres a caminho com ele..." (Mt 5, 21-26).

Ele está dizendo que, enquanto houver ódio dentro de você, sua oração não alcança Deus; portanto, não adianta subir ao altar para a oferenda. Está perdendo tempo. Aconselhou, então, a deixar a oferenda e, primeiro, reconciliar-se com o irmão.

Lembro agora uma outra passagem da Bíblia que diz que somente os puros de coração verão a Deus.

Ser simples é ser puro de coração.

Para alcançar a Deus, nas profundezas de si mesmo, antes de tudo faça uma prece de perdão, isto é, uma prece de amor universal.

Agora está aberto o caminho para seu Deus interior, porque

onde há somente amor, há luz; e onde há luz, não há barreiras, nem trevas, nem maldades.

Aí está Deus. E aí está você.

Foi o que ensinou o Mestre: "Então, o Pai vos concederá tudo o que pedirdes em meu nome. O meu mandamento é este: Amai-vos uns aos outros" (Jo 15, 17).

Seja simples, portanto, e seu contato com Deus tornará a sua oração infalível.

"Então, o Pai vos concederá tudo o que pedirdes."

Quando se estabelece a unidade com Deus, sua oração move céus e terras e terá poder infinito.

Nesse caso, completa Jesus: "Tudo o que ligares sobre a terra será ligado também no céu; e tudo o que desligares sobre a terra será desligado no céu".

E acrescenta o Mestre: "Digo-vos ainda que qualquer coisa que dois de vós sobre a terra pedirem unanimemente ser-lhe-á concedida por meu Pai que está nos céus" (Jo 18, 15-20).

Quando houver unanimidade, ou seja, simplicidade, unicidade, dentro da sua mente consciente e subconsciente, será infalível e todo-poderosa a sua oração, porque o Pai, que habita o seu interior, em cujo contato direto você está, lhe concederá tudo o que pedir.

Eis o caminho do milagre.

Como orar

Como dissemos em outra ocasião, há dois tipos de oração: a oração falada e a oração escutada.

A mais comum é a oração falada, pois é por meio dessa que você manifesta a Deus o que você quer, e faz o seu pedido. Por essa prece, você toma a iniciativa, indo em busca de algum bem para si, espiritual, material, mental ou de qualquer natureza.

A chave do sucesso na oração está em saber orar.

Como orar?

Primeiro requisito: saiba o que quer

Ao iniciar a sua oração, saiba o que você quer. Se não sabe o que quer, ficará perdido por entre um emaranhado de palavras, que podem não ter sentido nenhum para você e, portanto, nada acrescentarão à sua vida.

Se você não sabe o que quer, nada acontecerá, pois não há nada para acontecer.

Defina mentalmente o objetivo da sua oração. Consiga especificar o conteúdo da sua prece.

Se você está triste, por exemplo, faça a oração da alegria; se está sem emprego e deseja um emprego, faça a oração do emprego; se está tomado de ódio, faça a oração do perdão e do amor; se está passando fome, faça a oração do alimento e da fartura; se precisa fazer uma viagem, faça a oração da viagem bem-sucedida; se está doente, faça a oração da saúde; se está sentindo dores, faça a oração do alívio; se está nervoso, faça a oração da calma; se deseja riqueza, faça a oração da riqueza; se deseja uma casa, faça a oração da casa; se não tem memória, faça a oração do reavivamento da sua memória; se deseja casar, faça a oração para atrair o seu verdadeiro amor; se é infeliz, faça a oração da felicidade, e assim por diante.

Saiba o que você quer ao fazer a sua oração, caso contrário correrá o risco de papagaiar. O papagaio fala, mas não sabe o que está falando.

As orações escritas ou impressas são importantes na medida em que lhe dizem o que você quer alcançar.

Recuse-se, então, a fazer oração de sofrimento, de renúncias, de privações, porque é isso que vai acontecer-lhe.

Quem deve escolher o conteúdo da oração é você e não Deus. Deus é o Poder Infinito que se manifesta em você através da sua oração.

Saiba, portanto, o que quer, para que a sua oração lhe traga benefícios.

Segundo requisito: deseje realmente

Para que a sua oração tenha força, é preciso que você deseje realmente alcançar o conteúdo das suas afirmações.

Se você está desinteressado naquilo pelo que está orando, sua oração não tem força, não tem finalidade.

O desejo é a alavanca poderosa, capaz de impulsionar a sua prece até Deus. Se você não está interessado realmente, sua oração é sem energia, e se perde logo aí na curva do caminho.

É esse tipo de oração que faz a pessoa dormir, cansar-se, distrair-se, perder a concentração, ficar devaneando no mundo da lua.

Mas, se você deseja ardentemente alcançar aquilo que está orando, você se concentra, põe energia espiritual e não se cansa.

O desejo é uma força muito poderosa.

"Seja o que for que desejardes", disse Jesus, "quando orardes, crede que tendes alcançado e alcançareis".

"Seja o que for que desejardes."

Em primeiro lugar, é preciso desejar. Assim, você estará dando uma razão para a sua prece.

Na verdade, você sempre tem desejos na vida. Faça, então, a sua prece em cima desses desejos e, dessa forma, realizar-se-ão.

Terceiro requisito: tenha clareza na mente

Quando você sabe o que quer, fica fácil pedir. Manifeste a Deus o seu desejo, pedindo, declarando.

O receber depende do pedir.

Se você não pede, não recebe.

"Pedi e recebereis", ensinou Jesus.

Defina com clareza o que você deseja atingir na sua oração.

Vou citar um texto de Norman Vincent Peale, que muito bem ilustra o que estou dizendo: "Às vezes, se vê, em escritórios, uma frase orientadora: 'escreva o que deseja', ou 'faça um memorando do que deseja'. Tal orientação é feita para evitar as intermináveis conversas, as descrições complicadas, os conceitos enevoados. Um princípio inicial na oração é saber exatamente o que desejamos dizer, e, de modo preciso, qual o nosso objetivo. Devemos ser capazes de expor o problema clara e sucintamente. Se tivermos de usar muitas palavras, isso, por si só, torna evidente que não estamos bastante seguros do que temos em mente. Quem pensa nitidamente em seu problema, e o expõe de forma que ele próprio o veja claramente, torna possível, com isso, e para si próprio, a recepção daquelas respostas claras que estão à espera dele na mente de Deus. Só a clareza pode receber claramente" (*Pensamento Positivo Para o Nosso Tempo*).

Quarto requisito: diga o que você quer

Agora que você sabe qual é o objetivo da sua oração, diga-a com simplicidade, clareza e de forma positiva.

De nada adianta se lamuriar, queixar-se a Deus, expressar o seu desespero com as palavras mais negras possíveis; de nada adianta tornar, na sua prece, mais desgraçada a sua desgraça, para comover a Deus; de nada vale afundar-se entre o último dos mortais e dizer-se indigno de tudo, incapaz de dar um passo na sua escuridão — tudo isso não leva a nada.

Deus sabe exatamente qual a sua situação.

Ele quer agora ser a realização da sua palavra.

Seja direto, claro e positivo.

Veja nas suas palavras a realização da solução, ou do pedido, e sinta a felicidade de já estar de posse dessa verdade.

Diga tudo com suas próprias palavras, do seu jeito, com seus cacoetes. A forma como você se expressa não importa. Importa o que você quer dizer.

Você pode, até mesmo, ler uma oração já existente, que expresse o seu desejo, mas sinta-a brotando da sua mente e do seu coração.

Há pessoas que, na sua simplicidade, rezam, por exemplo, dez pai-nossos para alcançar a cura do estômago. Nesse caso, está acontecendo o seguinte: primeiro, pela oração do pai-nosso você está entrando em contato com Deus; segundo, pelo seu pensamento, ligado no seu desejo, está fazendo o pedido. É válido.

Masaharu Taniguchi conta, num dos seus escritos, essa história pitoresca: "A Igreja Unity tem a seguinte oração para abençoar o dinheiro, ou os bens, para que eles se multipliquem: 'O amor de Deus abençoa-os através de mim e multiplica-os'. Uma senhora, que não sabia o sentido e a finalidade dessa oração, mentalizou essas 'palavras da Verdade' a fim de acabar com os insetos nocivos. A oração produziu efeito imediato, e os insetos desapareceram".

Valeram a intenção e o desejo inscritos na mente daquela mulher. As palavras do texto foram apenas o veículo pelo qual ela comunicou a Deus o seu desejo mental.

Deus atende àquilo em que você acredita, e não àquilo que você diz.

O Pai Celestial atende àquilo que você diz quando você *acredita* no que diz.

Não é a oração, por si só, que é infalível, mas a oração feita com fé, essa sim, é infalível.

Lembre-se, mais uma vez, de que a melhor oração é a expressa de forma simples, direta, espontânea, que diz o que você quer dizer.

Geralmente, as orações curtas produzem melhor efeito na mente do que as longas e cansativas.

Quinto requisito:
creia que já está alcançado

Disse Jesus: "Crede que tendes alcançado e alcançareis".

Quando você fizer uma prece, acredite que, pelo simples fato de estar fazendo a oração, já está alcançada. Essa concepção parte da verdade de que Deus sempre é a resposta da sua oração.

Para criar essa realidade, nada melhor do que visualizar o seu pedido como já atendido.

Use a imaginação. O quadro mental tem uma força estupenda. Ao imprimir essa imagem na sua mente, você a vê clara, nitidamente e, então, conserva, com mais força, essa verdade dentro de si.

A imagem é uma criação divina em você.

O que você tem poder de criar na mente tem poder de realizar.

Quando você faz a pintura mental do que deseja; quando forma o quadro na sua mente, você está dando a melhor condição para a sua prece ser atendida.

Nunca se preocupe como é que vai acontecer. Essa é a parte de Deus.

Nem diga a Deus os meios pelos quais deverá ouvir e atender a sua prece. Ele sabe melhor do que você, porque seu conhecimento é infinito.

A você pertence o pedir e crer que já está atendido.

A Deus pertence o dar e saber como vai dar.

Sexto requisito:
persista

Como o pedir já contém o receber, feito o pedido, mantenha na sua mente essa verdade, persistindo nela com calma e paz de espírito, até que se torne convicção absoluta.

Perseverar na oração é manter a atitude mental de crença na realização da prece.

A persistência não envolve angústia, medos ou ansiedades. Trata-se de uma persistência agradável, alegre, que mantém a gostosa expectativa da realização da prece.

Essa imagem, conservada com fé e tranquilidade na sua mente, apressa a realização, porque torna mais rapidamente unívoco o seu pensamento e, portanto, mais depressa se materializa.

Lembre-se desta verdade: quem espera sempre alcança.

Sétimo requisito:
relaxe e aprofunde-se

Quanto mais você se aprofunda na oração, mais liberto estará seu corpo e receptiva estará a sua mente. É assim que você estabelece estado de harmonia entre a mente e o corpo.

Para ajudar a atingir esse estado de meditação profunda, você pode seguir o método de relaxamento de todo o corpo.

Nas profundezas do seu ser, você entra em contato direto com Deus, o Poder Infinito e a Sabedoria Infinita.

Sua oração, nesse estado interior positivo e confiante, é infalível.

Feita a sua oração, descanse, pois assim você dá condições para que Deus lhe fale.

A tensão e a ansiedade impedem a comunicação divina.

Descanse no coração de Deus.

Lourenço Prado escreveu sobre esse aspecto da oração: "O sentimento profundo de calma e tranquilidade absoluta durante o tempo em que fizerdes a vossa afirmação é prova certa de que vosso pedido foi atendido e as forças divinas entraram em ação para executá-lo" (*Alegria e Triunfo*).

Quando você sente um alívio interior, aquela paz e alegria que se sucedem ao dia tormentoso, aquele sentimento de vitória sobre alguma coisa, aquela sensação de que já foi atendido, isso já é sinal de que, realmente, sua prece foi atendida. Nesse caso, não precisa mais rezar sobre o assunto. Já está alcançado.

Oitavo requisito: agora, agradeça

Como a sua oração já foi atendida, agradeça desde já.

— Sim — dirá você — mas ainda não aconteceu realmente.

Quando uma oração acontece na mente, acontece materialmente. Se a matriz do seu desejo está gravada na sua mente como verdade, é impossível não se materializar. É por isso que eu dizia antes, no título anterior, que, ao atingir o ponto mental da certeza, pode desligar a mente, descansar e agradecer, pois tudo já está realizado.

Para completar a sua certeza irremovível, faça agora a prece de agradecimento pela realização do seu pedido.

Agradeça com suas próprias palavras, ou através de um mantra, como estes: "Amém" — "Assim é e assim será" — "Assim é agora e sempre" — "Muito obrigado porque tu me ouviste" — "Graças te dou, ó Pai!"

Ou você pode fazer a seguinte prece: "Obrigado, Pai Celestial, que habitas o meu secreto, porque tu me ouviste. Eu sei que tu sempre me ouves, porque nós dois somos um. Tu és sempre a minha resposta, como ensinou teu filho divino Jesus, quando disse: 'Pedi e recebereis, porque todo aquele que pede recebe'.

Estou feliz e agradecido porque teu poder e sabedoria estão se manifestando, desde já, em mim.

Como é bom e maravilhoso, ó Pai, conhecer a verdade de que tu sempre ouves e atendes as preces!

Sinto-me descansado, aliviado, alegre e muito grato, ó Pai Celestial!

Obrigado! Obrigado! Porque assim é agora e sempre. Amém".

O *amém* que você diz no final da sua prece significa: assim é. Em outras palavras, mantenha na mente esta verdade: Deus ouviu o meu pedido.

Não aceite nenhum pensamento de dúvida ou de medo.

"Deus ouviu o meu pedido."

"Estou sendo atendido divinamente."

"Sei que assim é e assim será."

Não há necessidade de se esforçar por convencer a Deus. Você e Deus são uma unidade, de tal modo que o seu pensamento é o pensamento de Deus, o seu desejo é o desejo de Deus, a sua resposta é a resposta de Deus.

Por que então se esforçar?

Emmet Fox já dizia, num de seus livros, com muita razão: "Na oração ou tratamento (como na maioria das coisas), quanto menos esforço você fizer, melhor. Na verdade, o esforço derrota a si mesmo. Ore suave, docemente, sem tensão".

Aí está uma grande verdade.

A oração nasce da certeza e transcorre suavemente como a brisa sobre os trigais.

A oração ensinada por Jesus

Jesus fez muitas orações. Quantas vezes passava noites orando e meditando. Mas, um dia, ele ensinou uma oração.

Antes de tudo, ensinou como se deve orar. E começou dizendo que de nada adianta orar para se exibir; para mostrar que é religioso; que é melhor do que os outros; para ser admirado e prestigiado; para ser valorizado.

Orar com essa intenção é ignorância total.

Disse ele: "Quando orardes, não procedais como os hipócritas que gostam de se exibir nas sinagogas e nas esquinas das ruas, orando para serem vistos pela gente. Em verdade, vos digo que já receberam a sua recompensa".

Nesse caso, a oração não foi além de uma encenação. Só isso. Rezar com essa finalidade é pura perda de tempo.

Também, ensinou o Mestre: "Não faleis muito quando orais, como fazem os que cuidam ser atendidos por causa do muito palavreado. Não os imiteis" (Mt 6,5s.).

O Mestre está certo, porque o resultado da oração não depende de longos discursos, de argumentações cerradas, de longas horas de sacrifício.

"Vosso Pai sabe o que haveis mister", completou Jesus.

O resultado da oração depende apenas da fé. Se você tiver a fé de um grão de mostarda, basta uma palavra.

A seguir, Jesus ensina a atitude correta para a prece. "Tu, porém, quando orares, entra no teu aposento, fecha a porta e ora a teu Pai às ocultas; e teu Pai, que vê o que é oculto, te há de recompensar."

Quando você vai orar, entre num local silencioso e propício, ou entre dentro de si mesmo, no seu secreto, no seu templo interior.

"Fecha a porta", quer dizer, torne fácil a sua oração, a sua meditação, o seu contato com o mundo interior, evitando ruídos exteriores e interiores.

"E ora a teu Pai às ocultas."

Faça a sua oração ao Pai, isto é, ao Deus que habita o seu interior.

"Às ocultas."

No silêncio de si mesmo. Mergulhando nas profundezas do seu ser. Nas regiões ocultas da mente interior.

Pai Nosso, que estás nos Céus

Agora que você entrou em contato com o Pai, Jesus ensina a oração que deve fazer, ou seja, o que você deve dizer ao Pai.

Assim é que haveis de orar.

"Pai Nosso que estás nos céus."

Você começa chamando Deus, o Poder Infinito, a Presença Infinita, o Eu Superior, o Criador, de Pai. Deus é seu Pai, então se apresente como filho.

Desde logo, você sabe com quem está tratando: com o seu Pai. E seu Pai habita o céu da sua mente, quer dizer, a sua realidade mais elevada, mais divina, mais superior. Por isso, ele é o Pai Celestial. Para chegar ao seu Pai interior é preciso alcançar as regiões celestiais de si mesmo, as regiões mais profundas, ou mais elevadas, mais límpidas, mais puras, mais positivas, mais iluminadas.

Santificado seja o Teu Nome

Saiba que você está tratando com o Ser mais santo, mais perfeito, mais poderoso, mais sábio, mais iluminado, mais elevado. O Altíssimo. É seu Pai, mas é Deus.

Quando as coisas não vão bem na sua vida, é idiotice xingar a Deus, insultá-lo. Sim, porque é você que cria os seus problemas, e não Deus.

O Pai é a solução, a recompensa, o resultado daquilo que você pede a ele.

Seu pensamento e suas crenças são a sua oração primeira. Se a sua mente é negativa, pessimista, maléfica, o mal acontece por sua conta e não pela ordem divina.

Volte-se para o Pai, para o Bem, para a casa paterna e tudo lhe será dado multiplicadamente. Mas, você é livre até para ser um filho pródigo. No entanto, se agora mesmo você voltar para a sua casa, onde mora o seu Pai, será recebido com amor e haverá festa grandiosa no seio de Deus.

Venha o Teu Reino

O reino de Deus existe. É o Bem. É o mundo positivo e saudável. É o reino dos céus e da felicidade. É o banquete celestial. É a festa interior.

Nesse reino é que você deve viver.

Se você está longe desse reino, peça — como ensinou Jesus — para que o Pai traga a você esse maravilhoso reino celestial.

Principalmente você, que anda caído na beira da estrada, que anda rolando pelos descaminhos dos sofrimentos, das depressões, das drogas, das doenças, dos fracassos, dos ódios, peça, com fé, para que o Pai o conduza finalmente ao seu reino lindo, encantador e feliz; que é o estado mental celestial.

Seja feita a Tua Vontade

Esse pedido não significa deixar o barco correr, soltar-se pelos caminhos desconhecidos da vida, andar aos trancos e barrancos.

Pedir para que seja feita a vontade do Pai não é esvaziar os seus ideais, os seus objetivos, as suas aspirações e deixar-se levar ao deus-dará.

O que você pede, nessa afirmação, é que a vontade do Pai — que é a perfeição — seja feita em você. Em outras palavras, você pede que o Pai faça com que se realizem, em você, aqueles desejos grandiosos que ele teve ao criá-lo.

Ao fazer essa afirmação, você está pedindo para o Pai torná-lo saudável, feliz, perfeito, amável, calmo, misericordioso, bondoso, generoso, forte, positivo, poderoso, magnânimo, rico, autoconfiante, seguro de si, inteligente, sábio, útil, criativo, inventivo, produtivo, paciente, liberto, desapegado, pacífico, dono do universo.

Assim na Terra

Você está pedindo humildemente, e confiante como filho, que o mundo maravilhoso, benéfico, sadio e positivo do Pai, aconteça no seu corpo, que é terra, que é pó, como diz a Bíblia, bem, como no planeta Terra, onde todos os filhos de Deus vivem.

Como no Céu

Sim, é necessário que a vontade benéfica e positiva do Pai se manifeste plenamente também no seu céu interior, na sua mente consciente e subconsciente, no seu espírito, na sua alma, enfim.

Existe a vontade do Pai, manifestada na sua mente, quando a sua mente está no reino dos céus, em estado de felicidade e de amor.

Enquanto você estiver triste, deprimido, negativo, em baixo astral, pessimista, decaído, desesperado — não está se manifestando em você a vontade do Pai.

Faça essa oração do Pai-Nosso, pedindo, com fé, para que a vontade do Pai, que é a alegria, a felicidade, o céu, a saúde, o sucesso, o progresso, a luz, manifeste-se na sua mente.

O pão nosso de cada dia nos dá hoje

O pão é o símbolo do alimento em geral, necessário ao ser humano, porque o pão sempre foi, desde os primórdios da humanidade, o alimento básico e indispensável.

Pão quer dizer a alimentação total necessária. Portanto, passa fome quem não reza o pai-nosso; ou quem reza, mas não sabe o que está dizendo, ou quem reza, mas não acredita no que está dizendo.

Hoje você ora: "O pão nosso de cada dia nos dá hoje".

Amanhã você reza: "O pão nosso de cada dia nos dá hoje".

Como o Pai sempre atende, você nunca passará fome. É impossível um verdadeiro cristão — aquele que faz essa oração ao Pai — passar necessidade.

Se você está passando privações é porque não faz a oração do pai-nosso com fé.

Se, em vez de ensinar o povo a se revoltar contra os que têm a mesa farta, todos os pregadores ensinassem o povo a rezar o pai--nosso, com fé, conseguir-se-ia alimentar a humanidade muito mais facilmente e sem ódios.

Mas, além de pão significar alimento, encerra, em seu conteúdo maior, todos os bens materiais, como casa, cama, roupa, remédio, carro, dinheiro, geladeira, fogão, televisão, arado, trator, caminhão, pá, enxada, máquinas profissionais, assim por diante.

Nessa afirmação, Jesus ensina a pedir os bens materiais.

Perdoa-nos as nossas dívidas

A dívida é o que você tem a pagar, e o que você tem a pagar é o resultado dos seus pensamentos, crenças, palavras e atos negativos e nefastos.

A cirrose do viciado em álcool é a dívida contraída por ele; é o resultado negativo.

A depressão do deprimido é a dívida contraída por ter alimentado pensamentos e sentimentos de depressão.

Tristeza, ódios, depressão, estresse, doença, sofrimentos, desespero, desânimo, baixo-astral, amarguras, ansiedades, angústias, tormentos, hipocondria, neuroses, psicoses, aflições, nervosismos e tantas outras consequências são as dívidas que a pessoa está pagando por uma atitude ou processo mental negativo.

Na linguagem espírita, é o carma, ou seja, a consequência, o resultado, o fruto.

Como a dívida já está sendo paga aqui nesta vida — daí a razão dessa afirmativa do pai-nosso —, creio que está correto dizer-se que todo ato se paga a si mesmo. O ódio produz o resultado do ódio; a alegria produz o resultado da alegria; o pedir produz o receber; o mal produz o resultado que é expresso em forma de doença ou de outra realidade qualquer; a oração ou o pensamento de pobreza produz a pobreza, assim por diante.

Assim como nós perdoamos aos nossos devedores

É claro que não estamos pedindo a Deus que seja bom e magnânimo como nós o somos.

O que estamos pedindo é que Deus perdoe as nossas dívidas como nós estamos dispostos agora a perdoar aos nossos devedores. Seria maldade e hipocrisia você pedir a Deus que perdoe as suas dívidas, mas não está disposto a perdoar a seus inimigos e devedores.

Como quer que a justiça divina perdoe as suas injustiças se não concorda em perdoar as injustiças que os outros fizeram a você?

É como aquela história que Jesus conta: "O reino dos céus é semelhante a um rei que quis tomar contas a seus servos. E, ao começar com a tomada de contas, apresentaram-lhe um que devia dez mil talentos; mas, como não tivesse com que pagar, ordenou o senhor que o vendessem, a ele, sua mulher e seus filhos e todos os seus haveres, e com isso pagassem a dívida. O servo, porém, lançou-se-lhe aos pés, suplicando: Senhor, tem paciência comigo, que te pagarei tudo.

Compadecido do servo, o senhor o colocou em liberdade e lhe perdoou a dívida.

Saindo fora, encontrou o servo um dos seus companheiros, que lhe devia cem denários, deitou-lhe as mãos e estrangulava-o, dizendo: paga o que me deves.

O companheiro prostrou-se-lhe aos pés, suplicando. Tem paciência comigo, que te pagarei. Ele, porém, não quis; mas foi-se e o mandou lançar no cárcere até que houvesse pago a dívida. Constristaram-se profundamente os outros servos que tinham presenciado o caso e foram dar parte a seu senhor de tudo o que acabava de acontecer. Então, o senhor o mandou vir à sua presença e lhe disse: 'Servo mau! Perdoei-te toda a dívida, porque me pediste; não devias, pois, também tu ter compaixão de teu companheiro, assim como eu tive compaixão de ti?'

E, indignado, o senhor o entregou aos carrascos até que houvesse pago toda a dívida.

Assim vos há de tratar meu Pai Celeste, se do íntimo do coração não perdoardes uns aos outros" (Mt 18, 21ss).

Você, também, peça perdão de todas as dívidas da sua vida e limpe a sua mente e o seu coração de toda maldade para com outros. Adianta você pedir que o Pai perdoe os resultados dos seus ódios se você continua guardando ódio para com outras pessoas?

Limpe a sua mente dos seus males e, ao mesmo tempo, liberte-se dos males dos outros.

Lembre-se de que só você pode fazer a sua felicidade e riqueza e só você pode fazer a sua infelicidade e pobreza. Mantenha, portanto, a mente límpida e positiva em relação a todas as pessoas.

Também, vale a mesma aplicação para a nova versão que foi dada ao pai-nosso. Perdoai as nossas ofensas assim como nós perdoamos aos que nos têm ofendido.

E não nos deixeis cair na tentação

Tentação é insinuação mental para praticar algum mal. Como ninguém deseja o mal para si, tentação é ignorância. Por exemplo, se você enxerga uma pessoa que o prejudicou, talvez sinta a tentação de falar mal dessa pessoa. Como todo o mal que se pensa, fala, deseja ou faz a alguém acontece na própria pessoa e, pela lei do retorno, retorna multiplicado, só por ignorância falará mal.

Se você tem um carro para vender, pode sentir a tentação de citar qualidades que o carro não tem, para valorizá-lo mais; como o caminho da riqueza é mental, está entrando pelos becos errados.

Como todo pensamento busca a própria materialização, ceder à tentação de ficar falando das suas desgraças e doenças, nada mais faz do que as reforçar e ninguém deseja que seu estado de saúde piore.

A tentação — pelo próprio sentido da palavra — é sempre para o mal, daí a necessidade de resistir aos pensamentos e desejos maléficos, porque, além de não trazerem vantagem, trazem, isto sim, prejuízos.

Há aqueles que dizem que é o demônio que tenta. Não é preciso apelar para entidades malignas. Para que explicar sobrenaturalmente quando se pode explicar naturalmente?

Jesus disse, em outra ocasião: "Vigiai e orai para não cairdes em tentação".

Muita gente sente inclinação de pensar o mal, não por ser uma criatura naturalmente má, mas pelo hábito. Quanto mais você repete pensamentos e imagens, mais se gravam no seu subconsciente, passando a fazer parte da sua realidade. É apenas questão de hábito e não de inclinação para o mal.

Se, a partir de hoje, você persistir em pensar, falar, desejar e fazer só o que for benéfico e positivo — formará o hábito e seu subconsciente reagirá dessa forma, tornando-se a sua vida normalmente positiva.

Na verdade, é muito mais fácil pensar o bem do que o mal — porque, na sua verdadeira identidade e realidade, você é filho de Deus, e todo filho de Deus é bom por natureza.

Não há por que pregar contra o mal, mas há que se pregar sempre o bem, porque essa é a verdade do ser humano.

Daqui para frente — como Deus é a resposta da sua oração — você terá sempre pensamentos positivos e benéficos, porque o Pai está defendendo você das tentações maléficas.

Mas livra-nos do mal

Trata-se do mal em todas as dimensões. Acidentes, fracassos, desgraças, pensamentos negativos, depressões, egoísmo, prepotência, desânimo, tristeza, desespero, neurose, nervosismo, doença, inquietação, medos, traumas, complexos, angústias, ansiedades, sofrimentos, insegurança, timidez, ganância, exploração, roubo, violência, ódio, raiva, mágoa, problemas, preocupações e tantos outros males.

Agora que você invocou o Pai, para livrá-lo de todo mal, assim é e assim será.

Lembre mais uma vez aquela afirmação da Bíblia. "Ao invocar-me, eu ouvirei e atenderei", disse Deus (Sl, 90).

Ao fazer essa afirmação do pai-nosso, esteja certo de que se colocou sob a proteção divina.

Caminhe alegre e despreocupado, porque a mão divina o conduzirá por caminhos abençoados.

"Amém." Assim é e assim será. Pelo poder do Pai Celestial.

Leitura recomendada

A essência do conceito clipping *é informar e motivar. Neste último capítulo deste livro-*clipping, *apresentamos ao leitor comentários sobre os livros-matriz, de onde os textos foram extraídos. Geralmente são prefácios ou introduções explicando a obra e sua finalidade.*

O conteúdo dos livros desta coleção é autossuficiente, mas ao leitor que deseje conhecimentos mais completos recomendamos a leitura dos livros-fonte — aliás, esta é uma das razões da "invenção" da coleção O Poder do Poder.

Todos os livros aqui recomendados encontram-se disponíveis em livrarias ou nas respectivas editoras.

Ciência, Milagre e Oração são Compatíveis?

HUBERTO ROHDEN - EDITORA MARTIN CLARET

O *título desse pequeno-grande livro constitui uma pergunta filosófica-espiritual. Seu autor, o filósofo e educador Huberto Rohden, se propõe a respondê-la, e a responde, profundamente.*

Rohden, cuja vocação era ensinar a verdadeira educação religiosa, mostra neste livro-opúsculo a finalidade e a compatibilidade do material com o espiritual. A essência dessa sua mensagem é o poder da oração.

Na última página da obra ele diz estas palavras:

"Em resumo: o poder da oração não está no orante, mas, sim, no mundo espiritual com o qual o orante se põe em contato mediante a oração da fé. O orante não é fonte, senão apenas canal ou veículo entre o mundo material e o mundo espiritual. Se esse canal é limpo, idôneo, não obstruído, derivam espontâneamente, através dele, os fluidos espirituais e atuam sobre o mundo material. E é por isso mesmo que tudo é possível para aquele que tem fé'; tudo que pedirdes em meu nome, credes que o recebereis'.

E acontece aquilo que se chama 'milagre', isto é, a invasão do mundo espiritual no mundo material da natureza.

Dia virá em que o chamado 'milagre' passará a fazer parte integrante da ciência e vida normal do homem, assim como, em nossos dias, a eletricidade, o magnetismo, a energia nuclear e outras forças, outrora misteriosas e hoje conhecidas, fazem parte da vida do homem de hoje".

* * *

Na condição de editores de Rohden, e para maior informação do nosso leitor, transcrevemos, a seguir, o perfil biográfico desse poderoso escritor e conferencista que, por mais de meio século ensinou e viveu a grande mensagem de Cristo.

Nasceu (em 1893) em Tubarão, Santa Catarina, Brasil. Fez estudos no Rio Grande do Sul. Formou-se em Ciências, Filosofia e Teologia em universidades da Europa — Innsbruck (Áustria), Valkenburg (Holanda) e Nápoles (Itália).

De regresso ao Brasil, trabalhou como professor, conferencista e escritor. Publicou mais de sessenta obras sobre ciência, filosofia e religião, editadas pela Editora Vozes (Petrópolis), União Cultural (São Paulo), Editora Globo (Porto Alegre), Livraria Freitas Bastos (Rio de Janeiro), Fundação Alvorada e outras editoras. Vários livros de Huberto Rohden foram traduzidos em outras línguas, inclusive o esperanto.

Rohden não está filiado a nenhuma igreja, seita ou partido político. Fundou e dirigiu o movimento mundial Alvorada, com sede em São Paulo.

De 1945 a 1946 teve uma bolsa de estudos para pesquisas Científicas, na Universidade de Princeton, New Jersey (Estados Unidos), onde conviveu com Albert Einstein e lançou os alicerces para o movimento de âmbito mundial da Filosofia Univérsica, tomando por base do pensamento e da vida humana a constituição do próprio Universo, evidenciando a afinidade entre Matemática, Metafísica e Mística.

Em 1946, Huberto Rohden foi convidado pela American University, de Whashington, D.C., para reger as cátedras de Filosofia Universal de Religiões Comparadas, cargo que exerceu durante cinco anos.

Durante a última Guerra Mundial foi convidado pelo Bureau of Inter-American Affairs, de Washington, para fazer parte do corpo de tradutores das notícias de guerra, do inglês para português. Ainda na American University, de Washington, fundou o Brazilian Center, centro cultural brasileiro, com o fim de manter intercâmbio cultural entre o Brasil e os Estados Unidos, sendo então seu presidente honorário o senhor Nereu Ramos.

Na capital dos Estados Unidos, Rohden frequentou, durante três anos, o Golden Lotus Temple, onde foi iniciado em Kriya-ioga por Swami Premananda, diretor hindu desse *ashram*.

Pelo fim da sua permanência nos Estados Unidos, Huberto Rohden foi convidado para fazer parte do corpo docente da nova universidade internacional, International Christian University (ICU), de Metaka, Japão, a fim de reger as cátedras de Filosofia Universal e Religiões Comparadas, mas, por causa da guerra na Coreia, a Universidade japonesa não foi inaugurada, e Rohden regressou ao Brasil. Em São Paulo, foi nomeado professor de Filosofia na Universidade Mackenzie, cargo do qual não tomou posse.

Em 1952, fundou em São Paulo a Instituição Cultural e Beneficiente Alvorada.

Em 1969, Rohden foi chamado a Portugal para fazer conferências sobre autoconhecimento e autorrealização. Em Lisboa fundou um setor do Centro de Autorrealização Alvorada.

Nos últimos anos, Rohden residiu na capital de São Paulo, onde permanecia alguns dias na semana, escrevendo e reescrevendo seus livros, nos textos definitivos. Três dias da semana costumava passá-los no *ashram*, em contato com a natureza, plantando árvores, flores ou trabalhando no seu apiário modelo.

Quando estava na capital, Rohden frequentava, periodicamente, a editora responsável pela editoração de seus livros, dando-lhes inspiração e orientação cultural.

À zero hora do dia 7 de outubro de 1981, após longa internação em uma clínica naturista de São Paulo, aos 87 anos, o professor

Huberto Rohden partiu deste mundo e do convívio de seus amigos e discípulos. Suas últimas palavras, em estado consciente, foram: "Eu vim para servir a Humanidade".

Rohden deixa, para a gerações futuras, um legado cultural e um exemplo de fé e trabalho, somente comparado aos dos grandes homens do nosso século.

A Oração — Seu Poder e Efeitos

DR. ALEXIS CARREL - LIVRARIA TAVARES MARTINS

Pelas nossas estatísticas bibliográficas não nos consta que essa jóia literária tenha sido traduzida no Brasil.

Existe uma tradução — esta que estamos aqui usando — feita em Portugal, em 1945, pela Livraria Tavares Martins. A história completa desse pequeno livro é contada pelo seu autor no prefácio da obra.

O dr. Alexis Carrel foi um sábio francês que no primeiro quartel do século XX escreveu um livro de imensa repercussão universal, com o nome de O Homem, Esse Desconhecido. No início desse seu trabalho ele diz:

"A única ambição deste livro é pôr ao alcance de todos um conjunto de dados científicos relativos ao ser humano da nossa época. Começamos a sentir a fraqueza da nossa civilização. Muitos desejam hoje escapar à escravidão dos dogmas da sociedade moderna. Para eles se escreveu este livro. E também para os audaciosos que encaram a necessidade, não só de transformações políticas e sociais, mas da destruição da civilização industrial, e do advento de outra concepção do progresso humano. Este livro dirige-se a todos aqueles cuja tarefa cotidiana é a educação das crianças, a formação ou a direção do indivíduo. Aos professores, higienistas, médicos, padres, advogados, magistrados, oficiais do exército, engenheiros, chefes de indústria, etc. E também àqueles que simplesmente refletem no mistério do nosso corpo, da nossa consciência e do universo. Em suma, a todos os homens e a todas as mulheres. A todos se apresenta na simplicidade de uma breve exposição daquilo que a obervação e a experiência nos revelam acerca de nós próprios".

Alexis Carrel era um homem de ciência e um místico, conscientemente preocupado com as inquietações metafísicas do homem. Em um outro livro seu, *O Homem Perante a Vida,* ele volta sua brilhante inteligência para o assunto que sempre o fascinou — o relacionamento do homem com Deus. O método que recomendava é a oração:

"A necessidade de Deus exprime-se pela oração. A oração é um grito de angústia, um pedido de auxílio, um hino de amor. Não consiste na morna recitação de palavras. O seu efeito é quase sempre positivo. Tudo se passa como se Deus nos escutasse e nos desse uma resposta direta; acontecimentos inesperados se produzem; o equilíbrio mental se estabelece; o sentimento do nosso isolamento, da nossa impotência e da inutilidade do nosso esforço desaparece; o mundo abandona a sua injustiça e a sua crueldade e torna-se amistoso; um estranho poder se desenvolve no nosso íntimo.

A oração dá-nos força para suportarmos os cuidados e desgostos, para esperarmos, quando motivo lógico de esperança não exista, para nos mantermos de pé, no meio das catástrofes. Esses fenômenos podem dar-se em toda a gente, mas principalmente naqueles que se furtam ao tumulto e à confusão da vida moderna. O mundo da ciência é diferente do mundo da oração, mas não se lhe opõe, do mesmo modo que o racional não se opõe ao não racional. É preciso não nos esquecer de que o espírito se compõe de atividades lógicas e atividades não lógicas. Os resultados da oração participam da ciência, tanto como da religião, porque a oração age não só sobre os nossos estados afetivos, mas também sobre os processos fisiológicos. Cura, por vezes, nalguns instantes, ou em dias, doenças orgâncias. Por mais incompreensíveis que sejam esses fenômenos, não podemos negar a sua realidade. A secretaria das verificações médicas de Lourdes registrou mais de 200 casos de tuberculose, de cegueira, de osteomielite, de câncer e outras doenças orgânicas, cuja cura, quase instantânea, é indiscutível. Encontramo-nos, aqui, em terreno sólido. O homem precisa de auxílio; suplica, e o auxílio lhe vem. Qualquer que seja a interpretação futura que, do caso venha dar-se, o fato ficará, para todo o sempre, verdadeiro.

O conhecimento do mundo material vem-nos do esforço conjugado da experiência e da teoria. Graças às técnicas experimentais, descobrimos e analisamos grande número de fenômenos físicos. Depois, a teoria ligou todos esses fatos num sistema coerente, previa novos fatos e inspirou novas experiências. Também o conhecimento do substrato espiritual do mundo depende da teoria e da experiência, isto é, da mística e da religião. A mística constitui, como se sabe, a essência da religião. A experiência mística difere tão profundamente do conhecimento intelectual como o amor difere da razão. Além disso, ficará, para sempre, verdadeira, ao passo que o conhecimento intelectual mudará, como mudaram e mudarão ainda as teorias físicas.

Os grandes místicos são tão raros como os grandes sábios".

O Poder do Pensamento Positivo

NORMAN VINCENT PEALE - EDITORA CULTRIX

Este é um dos mais célebres livros de autoajuda. Lido, há décadas, no mundo inteiro, sua mensagem tem iluminado a vida de milhões de pessoas.

Em sua autobiografia, o autor conta como e por que escreveu esta obra de orientação espiritual. Eis as suas palavras:

"(...) o período mais difícil de minha vida, que durou vários anos no decorrer de meu ministério em Nova York, foi ocasionada pela publicação de *O poder do pensamento positivo*. Ele foi meu segundo livro com a Editora Prentice-Hall, Inc., conforme nosso contrato.

Ao escrevê-lo, um incidente assaz curioso pareceu ser de algum modo indicativo do efeito que o volume iria ter sobre grande número de pessoas. Ruth, as crianças e eu fôramos para Pasadena com minha secretária, Alice Murphy. Tinhamos um chalé nos terrenos do Hotel Huntington, do qual Steve Royce, nosso amigo de longos anos, era o proprietário e gerente.

Comecei a trabalhar no livro ditando o primeiro capítulo para Alice. Estávamos na sala do chalé e notei uma empregada tirando o pó das janelas e dos móveis. Ocorreu-me a impressão de que ela estava levando tempo demais para fazer seu serviço e assim ficar junto a nós durante o ditado do capítulo.

Mais tarde, minha secretária me contou que, quando acabei de ditar e deixei a sala, a empregada perguntou.

— O que aquele homem estava fazendo? — E ao ser informada de que eu estava escrevendo um livro, comentou: — Olhe, senhorita, ele estava falando comigo. Eu preciso do que ele estava dizendo. Quer me fazer o favor de mandar-me um exemplar do livro quando ele o acabar? Eu sei que vai-me ajudar muito.

Naturalmente que isso deveras encorajou-me, pois outro não era meu propósito ao escrevê-lo. Quando completei a primeira minuta do original e mostrei-a a um editor indicado pela casa que iria publicá-lo, ele me declarou que o livro não venderia dez mil exemplares e sugeriu que o reduzisse e o aproveitasse em parte, reorganizando sob o título *How To Live Success Fully Seven Days a Week* (Como viver com sucesso sete dias por semana). Obedientemente, tentei seguir essa sugestão, respeitando sua visão e experiência como editor. Mas não consegui fazê-lo, e afinal pus o original numa gaveta onde o deixei por um ano.

Mais tarde, voltei a ele, trabalhando sobre a vida original da fé e de um modo de pensar correto. Um ano mais tarde, o livro estava completo, mas ainda não parecia ser o que eu desejava. Com pesar, decidi desistir pela segunda e última vez. E fiz exatamente isso, literalmente, jogando-o na cesta de papéis usados, apesar das objeções de Ruth, e fazendo-a prometer que não o removeria dali. Ela concordou, mas à sua maneira. Uma mulher pode muitas vezes desobedecer ao marido e vice-versa, pois ambos têm o direito de ser independentes um do outro. Ela levou o original a Mayron L. Boardman, diretor da divisão comercial de Prentice-Hall. Quando abri os olhos, o editor o havia aceito!

O título original era *The Power of Faith* (O poder da fé). Myron Boardman veio um dia a meu escritório e disse que queria falar sobre esse título. Informei de que, tendo tentado outros títulos, aquele sobre o qual finalmente me decidira indicava com clareza o que o livro tinha a dizer. No seu modo tranquilo e persuasivo, Myron replicou que o título era bom, especialmente para pessoas comprometidas em ir à igreja. Mas ele tinha dúvida se aquele título não iria limitar o mercado do livro e se eu não gostaria de ampliar meu campo e ajudar pessoas que não estivessem necessariamente ligadas à igreja.

— Naturalmente, isso é o que desejo que o livro faça, mas também desejo ser totalmente fiel à minha mensagem como ministro cristão.

— Bem. Então — contrapôs ele — que tal se descobríssemos um título que tenha um apelo mais amplo, mas que seja equivalente em seu significado a *O poder da fé?*

Sua ideia era razoável. Então ele me surpreendeu dizendo que havia no original uma frase que se repetia do princípio ao fim e perguntou se eu o havia notado. Julgava que a frase era tão atraente, de um significado tão profundo, que poderia muito bem tornar-se um título que perduraria anos e que penetraria no pensamento e mesmo na linguagem da América.

— Que frase é essa? — Ruth e eu queríamos saber.

Sorrindo e cheio de confiança, ainda posso vê-lo quando pegou uma grande folha de papel e nela escreveu as palavras *The Power of Positive Thinking* (*O poder do pensamento positivo*).

— Você não concorda que essa frase diz o que seu título quer dizer, porém de modo mais atraente, de fato mais insinuante?

Eu não estava tão seguro, mas Ruth estava.

— É isso mesmo! — declarou ela, excitada. — É um primor de título.

E assim foi que nasceu um título que já apareceu em cerca de 15 milhões de livros que deram a volta ao mundo e que, mesmo agora, mais de quarenta anos depois, ainda continua sendo impresso.

Mas quando a primeira edição do livro estava pronta para publicação e a capa já tinha sido impressa com esse título, recebi um telefonema de meu amigo Rulton Oursler, o mais antigo editor de *Reader's Digest*, que me perguntou:

— É verdade que você vai intitular seu livro *O poder do pensamento positivo*?

— Sim, Fulton, é verdade — respondi.

— Norman — disse ele —, peço-lhe, imploro-lhe que retire a palavra "poder" do título. Em minha experiência essa palavra simplesmente não cabe.

Expliquei-lhe que a impressão já fora feita e que tínhamos de manter o título.

— Bem — disse ele —, talvez seja a vontade de Deus e eu torço para que ele abençoe o livro. É um dos originais mais cheios de esperança, como não vejo há muito tempo.

O poder do pensamento positivo foi publicado em 13 de outubro de 1952 e estava vendendo razoavelmente bem, quando me encontrei sendo homenageado no programa *Esta é a sua vida*. O livro foi mencionado de modo tão entusiástico por Ralph Edwards nesse *show* de projeto nacional que as vendas imediatamente subiram como um foguete e da noite para o dia *O poder do pensamento positivo* teve uma enorme aceitação.

Em breve, outro programa de televisão, extremamente popular, deu ao livro mais divulgação. Foi o famoso programa de Edward R. Murrow, intitulado *Person to Person* (*Pessoa a pessoa*), no qual ele ia a casa de uma pessoa para uma entrevista com ela e membros de sua família. Ed Murrow era meu vizinho e amigo em Quaker Hill, em Pawling, e eu o admirava como um dos mais notáveis jornalistas daquela época.

Essas duas oportunidades, mais o caráter de permanência do livro, fizeram-no chegar à lista de *best sellers* e rapidamente atingir sua posição mais alta, que manteve por longo período. Figurou na lista de *best sellers* do *New York Times* seguidamente por 186 semanas, o que então era um recorde.

A Arte de Curar pelo Espírito

JOEL S. GOLDSMITH - EDITORA MARTIN CLARET

Joel S. Goldsmith (1892-1964), através destas páginas focaliza o princípio fundamental de toda a cura, quer física, quer metafísica. E o tradutor da obra — Huberto Rohden —, em notas explicativas, essencializa e universaliza o ensino central de Goldsmith: "Não é o fato objetivo da presença de Deus ou de Cristo que resolve o problema, mas é a consciência subjetiva que o homem tem dessa presença. A presença objetiva sempre existiu e sempre existirá, e dentro dessa onipresença de Deus há milhares de doentes e de pecadores — por quê? Unicamente porque lhes falta o contato consciente com essa presença, falta-lhes a consciência, a ciência com a ciência ou consciência dessa realidade divina ou cristica. No dia e na hora em que o homem doente e pecador estabelecer o contato com a usina cósmica da luz e forças divinas, haverá luz e forças divinas em seu receptor humano — e a consciência da presença de Deus é inconcebível com doença e pecado, ou outro mal qualquer. O problema está, pois, na conscientização vital e nítida dessa presença".

A Arte de Curar Pelo Espírito é um instrumento eficaz contra a imensa tragédia do desespero e da insanidade humana.

Amigo ou ignoto leitor: se seguires o método começarás a viver.

O autor insiste em que é impossível criar alto grau de consciência espiritual, carregar a bateria do Eu divino, enquanto o homem mantêm os seus fios-terra, criados e mantidos pelo ego humano. Alguns desses funestos fios-terra, que impedem o carregamento da bateria, são jornais, rádio, televisão, visitas tagarelas feitas ou recebidas; o telefone também pode ser fio-terra; mas, diz Goldsmith, ele necessita do telefone para manter o contato com os doentes; fez, porém, consigo mesmo o pacto de nunca ficar ao telefone mais de três minutos, porque em três minutos se liquida qualquer assunto importante — o resto é conversa fiada.

Solidão e silêncio auscultativo, intensa e diuturna meditação — são fatores indispensáveis para acumular energia espiritual e utilizá--la em momento oportuno para curar os males.

Em hipótese alguma deve o curador considerar-se como fonte da cura; a fonte é somente Deus, a Realidade Infinita dentro de todos os Finitos; o homem só pode ser canal e veículo da saúde e de qualquer outro bem, que vem da fonte única.

Através de todas as páginas deste livro vai a palavra "Deus". Não se esqueça, porém, o leitor de que, para Goldsmith, esse "Deus" nada tem que ver com aquilo que os catecismos e tratados de teologia das nossas igrejas entendem por "Deus". Para o autor, Deus não é uma pessoa, uma entidade separada de nós e do mundo. Deus é para Goldsmith, como para todos os iluminados, o "Pai em nós", a suprema, invisível e única Realidade dentro do homem e do Universo; Deus é a Essência Invisível em todas as Existências Visíveis; Deus é a energia nos átomos; Deus é a Vida nos vivos; Deus é a Consciência nos conscientes; Deus é a Inteligência nos inteligentes; Deus é o Espírito nos seres espirituais. O exímio cientista francês, Teilhard de Chardin foi tachado de "panteísta" por ter encontrado Deus em átomos e moléculas, nas camadas geológicas e nos fósseis paleontológicos que ele havia escavado nas planícies e nas montanhas da China; o mundo do dualismo teológico, falsamente chamado cristão, revoltou-se contra esse "panteísmo" do cientista, porque o grosso dos cristãos eclesiásticos é incapaz de distinguir entre "panteísmo" e "panenteísmo" (ou monismo); não compreende que Deus está em tudo e tudo está em Deus (panenteísmo), embora não se possa dizer que Deus seja tudo ou que tudo seja Deus (panteísmo).

Goldsmith vai além de Chardin, o qual, como teólogo, não teve a coragem de afirmar 100% a imanência de Deus em todas as coisas.

Quem não pode conceber a presença do Infinito em todos os

Finitos, não compreenderá este livro, que prima por uma lógica e precisão matemática.

Autoconhecimento: Base da Sabedoria

KRISNAMURTI - INST. CULTURAL KRISHNAMURTI

Este livro é um dos textos mais importantes do educador, filósofo e conferencista hindu. A obra é constituída de conferências, com perguntas e respostas, realizadas em Poona e Bombaim, Índia, no ano de 1953.

* * *

Nasceu Krishnamurti no ano de 1895, em Madanapalle, Madrasta, Índia. Conforme o costume entre os brâmanes do sul da Índia, chamaram-no pelo nome de família Jiddu. E assim o fizeram por ter sido ele o oitavo filho. Com isso, seus familiares manifestavam o desejo de que, quando adulto, consagrasse a sua existência a Krishna, a encarnação divina, e que fora também oitavo filho. Em 1909, a dra. Annie Besant e C. W. Leadbeater notaram em Krishnamurti faculdades latentes de inestimável valor moral e espiritual, acabando por admitir que, devidamente desenvolvidas, fariam do jovem um grande mestre. Todavia, os leitores dos inúmeros livros de Krishnamurti sabem que esse pensador não se erige como mestre da humanidade nem tenciona ser o fundador de uma nova religião. Com frequência, repete que o desenvolvimento espiritual decorre da conquista puramente individual e que jamais pode ser obtido pela submissão a qualquer mestre ou religião. Repudia toda autoridade que pretenda impingir-nos valores espirituais ministrados a um fechadíssimo grupo de crentes. A verdade, diz ele, confina com os limites da evolução humana, achando-se oculta na consciência de todos os seres humanos. Para atingi-la, temos de romper todas as barreiras e todos os laços que nos prendem à materialidade, pesada carga que faz de nós meros escravos mecanizados. Somente a Vida, conclui Krishnamurti, pode criar a vida.

* * *

(...) Tendes livros religiosos, tendes guias e filósofos, observais numerosos ritos e, todavia, acompanha-vos sempre o temor, a frustração, a desesperança, a amargura, a ansiedade. Tal o fado de todos nós!

E, à medida que vamos envelhecendo, com uma carga cada vez maior de experiência e de desenganos, vemos — não é exato? —, vemos que estamos perdendo a coisa mais essencial da nossa vida: *a fé*. Entendo por "fé", não a mesma coisa que estais acostumados a entender — a fé no líder, a fé no guru e na experiência pessoal. Podeis não crer em coisa alguma, e fazeis muito bem; porque, se não credes em nada, tendes uma possibilidade de descobrimento. Entretanto, o viver sem fé leva ao cínismo, ao ceticismo, a uma vida de gozos superficiais, atividades superficiais e superficial beneficência. Se não nos tornamos cínicos, tornamo-nos pessoas muito ativas e prestativas; mas aquela chama tão essencial ao pensar criador é negada, sufocada. Creio ser essa coisa, essa chama, o que nos cumpre encontrar, e não a solução para um problema qualquer, pois as soluções dos problemas são relativamente fáceis.

Se sois inteligente, se tendes capacidade e energia, é-vos então relativamente simples estudar o problema. O estudo perfeito do problema representa, justamente, a sua solução, uma vez que a solução não se acha fora do problema. Para estudar-se, porém, o problema, descobrir a verdade que ele encerra, para isso se necessita de energia, vitalidade; e essa vitalidade e essa energia são destruídas quando seguis alguém, quando obedeceis ao vosso guru, ao vosso guia político ou a um sistema econômico. Toda a vossa energia criadora se dissipou no seguirdes alguma coisa, no disciplinardes a vossa mente de acordo com um determinado padrão de ação. Se falha ou se morre o vosso guia, vêdes vos sozinhos.

Ora, é possível termos aquela *fé criadora* — se posso usar tal expressão — sem a identificarmos com um determinado padrão de pensamento? Não me refiro aqui à fé num guru, num livro, na experiência pessoal, mas àquela fé, àquela confiança que nasce do direito de experimentar, por nós mesmos — prescindindo de tradições e mentores, compreendendo o problema diretamente, aplicando-nos a ele com energia, com aquela extraordinária confiança, aquela capacidade de descobrir-lhe a verdade intrínseca. Essa fé, sem dúvida, é a verdadeira solução. Porque sem ela não somos entes humanos criadores. O que se faz necessário no mundo, hoje em dia, não são líderes, nem sistemas nem gurus, mas, sim, a capacidade, por parte de cada indivíduo, para descobrir por si mesmo o que é a Verdade.

A Verdade não é coisa vossa ou minha. A Verdade não é pessoal. É algo que surge quando a mente se acha muito lúcida, simples, direta, silenciosa. Só então surge a Verdade. Não podemos perseguir a Verdade. Tentamos persegui-la quando estamos dominados pela ânsia de solução para determinado problema.

O que se necessita, pois, é a confiança, a fé *imprescindível* para o descobrimento da Verdade. (...)

* * *

Instituição Cultural Krishnamurti

A Instituição Cultural Krishnamurti é o organismo divulgador, no Brasil, da mensagem do psicólogo e pensador Jiddu Krishnamurti. Foi fundada em 1935, com a presença do próprio Krishnamurti na ocasião da fundação. Entidade civil e sem fins lucrativos, seu único objetivo é tornar acessível à coletividade brasileira o ensino desse orientador espiritual, propagado originariamente em inglês. A ICK traduz, revê e publica, direta ou indiretamnte, os livros de Krishnamurti, e até hoje já publicou mais de oitenta obras no idioma pátrio, achando-se esgotada uma grande parte delas.

A instituição é mantida por 11 sócios, denominados sócios efetivos, responsáveis pelo seu funcionamento. Dentre esses associados se elege, bienalmente, uma diretoria para administrá-la. A ICK é no Brasil a representante oficial da Krishnamurti Foundation Trust Limited, de Londres.

Dispondo de pequenos recursos, vem desempenhando sua difícil missão com a ajuda dos interessados, ou seja, de contribuintes. O número deles é sem limite. Aqueles que, tomando contato com as obras de Krishnamurti, sentirem o desejo de cooperar para a atividade da instituição poderão tornar-se sócios contribuintes. Para a inscrição não há formalidades maiores: basta preencher o formulário necessário e pagar a conta atual correspondente. Os contribuintes fazem jus ao recebimento gratuito do boletim *Carta de Notícias*, editado trimestralmente por essa instituição, e à oferta de dois livros novos dentre os que ela editar anualmente. Desse boletim constam notícias sobre os programas de palestras de Krishnamurti anualmente feitas em vários países, principalmente na Suíça e Inglaterra. Nele figuram, também, escritos de Krishnamurti inéditos em livros em nosso idioma, bem como a relação das obras de Krishnamurti em inglês e português.

A Instituição Cultural Krishnamurti não é apenas a editora oficial da mensagem de Krishnamurti em nosso território, porque ela, além dessa tarefa, leva a cabo outra de importância — prestar esclarecimentos sobre o ensino desse psicólogo e pensador a quantos necessitem. É, pois, um centro credenciado ao qual todos se devem encaminhar para obtê-los, uma vez que são úteis aos estudiosos e, sobretudo, aos leitores iniciantes.

O Poder Infinito da Oração

LAURO TREVISAN - EDITORA E DISTRIBUIDORA DA MENTE

Mesmo que você não goste de nadar, é bom você aprender, pois, se um dia cair na água, conseguirá salvar-se.

Este livro ensina você a nadar nas águas da vida e, principalmente, põe à sua disposição os meios capazes de salvá-lo nas horas de perigo, nos momentos em que tudo parece perdido.

O autor busca analisar os argumentos que afirmam que a oração é algo do passado, resquício da ignorância dos antigos, superstição religiosa, hábito sem fundamento e, depois, começa a desvendar o fantástico mistério que leva o ser humano, desde os seus primórdios até a idade evoluída de hoje, a orar. Finalmente descobre, na oração, aquela força superior capaz de levantar o paralítico, curar o câncer, harmonizar o casamento desfeito, enriquecer o pobre, alegrar a vida e produzir o milagre.

Você não pode deixar de ler este livro, seja religioso ou não, crente ou descrente, católico ou evangélico, espírita ou ateu, jovem ou idoso, rico ou miserável, porque sempre chegará o dia em que você precisará lançar mão da força mais poderosa do mundo, a fim de resolver a sua situação desesperadora.

Lembre-se de que, quando falharem todos os socorros e todas as forças do mundo, você ainda pode contar com a força mais poderosa e salvar-se.

Este é o décimo sexto livro de Lauro Trevisan.

Dentre suas obras, cumpre destacar *O Poder Infinito da Sua Mente*, extraordinário *best seller*, traduzido já para o espanhol e agora para a língua inglesa e francesa.

Seu último lançamento, o livro *Você Tem o Poder de Alcançar Riquezas*, já vendeu, em um ano, mais de cinquenta mil exemplares. Enfim, todas as obras desse autor estão sendo muito procuradas no Brasil, Portugal e alguns países da América.

Além de livros, Trevisan lançou vinte fitas-cassete, com mentalizações para as mais diversas finalidades.

Além de escritor, Lauro Trevisan é famoso conferencista, percorrendo, a cada ano, praticamente todas as capitais brasileiras, bem como Portugal e Paraguai, onde ministra a Jornada Sobre o Poder da Mente, com duração de doze horas, nos maiores auditórios, sempre lotados. Ao final de uma jornada dessas, a pessoa sente-se renascer, tornando-se saudável, alegre, leve, positiva, liberta, cheia de amor, feliz e com a chave do sucesso na vida.

Lauro Trevisan nasceu em Santa Maria, situada no Rio Grande do Sul, Brasil. Sua sede está nessa cidade, onde realiza encontros e palestras no Teatro Santa Maria, de propriedade da Livraria Editora e Distribuidora da Mente.

Quando você tomar conhecimento da realização de uma Jornada Sobre o Poder da Mente, em sua cidade, não deixe de participar. Vale a pena.

E, agora, tome este livro e leia-o. É todo seu.

* * *

Por que você vai ler este livro

Não existe nada mais compensador do que descobrir as grandes forças que impulsionam o ser humano, a vida e o universo.

Quando você ouve falar que alguém rezou na hora do acidente e saiu ileso; que alguém estava condenado à morte, com câncer disseminado, e hoje está perfeito e saudável; que alguém caiu no mar, rezou, e conseguiu sobrepor-se às ondas durante mais de vinte horas, até ser salvo, que alguém rezou para chover, porque a seca estava dizimando a lavoura, e choveu; que alguém não tinha nada, rezou pedindo uma casa e já mora nessa casa; que alguém tinha trinta dias de vida, orou a Deus, e está melhor do que nunca; e tantos outros relatos incríveis — você não resiste a uma exclamação assombrada. Mas, como pode?!

Aqui você vai entrar em contato com a força mais poderosa do mundo — a força da oração — que é a soma do poder da mente, do poder da fé e do poder de Deus na criatura humana.

Não perca tempo.

Este é um livro diferente. Explosivo. Fantástico.

Ao ouvir falar de fenômenos grandiosos, milagres estupendos, resultados incríveis, manifestações incompreensíveis de forças poderosas — o mínimo que pode admitir é que onde há fumaça há fogo.

Não foi por nada que o Mestre Jesus revelou:

"Tudo o que pedirdes com fé, na oração, alcançá-lo-eis" (Mt 21, 22).